SEUDO ARISTÓTELES

PORIDAT
DE LAS PORIDADES

Edición de
LLOYD A. KASTEN

SEMINARIO DE ESTUDIOS MEDIEVALES ESPAÑOLES
DE LA UNIVERSIDAD DE WISCONSIN

MADRID
1957

PORIDAT DE LAS PORIDADES

SEUDO ARISTÓTELES

PORIDAT
DE LAS PORIDADES

Edición de
LLOYD A. KASTEN

SEMINARIO DE ESTUDIOS MEDIEVALES ESPAÑOLES
DE LA UNIVERSIDAD DE WISCONSIN

MADRID
1957

A LA MEMORIA DE
D. ANTONIO GARCÍA SOLALINDE

INTRODUCCION

Durante el siglo XIII, período de tendencia didáctica, aparecía toda una serie de traducciones de obras de carácter moral en la literatura española. Derivadas de fuentes orientales, estas obras eran de muchísima importancia a los gobernadores y a los eruditos de aquella época, dando a éstos la ocasión de exponer sus teorías sobre la moral y modos de gobernar, y proporcionándoles reglas de conducta, alegando generalmente la autoridad de los grandes filósofos de la antigüedad. Desde una fecha que se remonta a los primeros siglos de su ocupación de España, los moros ya conocían varias de estas obras, traídas por los árabes de los centros de cultura orientales. Sin embargo, los cristianos del norte no llegaron a conocerlas hasta el siglo XIII, cuando los reyes Jaime I de Aragón y Alfonso X de Castilla se interesaron por la cultura de sus vecinos del sur. Bien conocido es el hecho de que trajeran a su corte a los judíos y a los moros más cultos, a los cuales encargaron la traducción al español de muchas de sus mejores obras didácticas. No sólo existían estas obras en árabe, sino también en muchos casos en traducciones al hebreo, hechas en territorio musulmán. Las versiones en español llegaron a tener una importancia considerable, y sus enseñanzas y preceptos forzosamente hubieron de dejar su huella en la vida y en la literatura nacional.

Las obras didácticas hispano-árabes pueden dividirse en dos grupos: el primero consta de apólogos; el segundo toma una forma francamente didáctica, muy a menudo basada en los filósofos griegos y musulmanes. Al segundo de estos grupos pertenece la *Poridat de las poridades*. El texto explica la historia de la transmisión de la obra: el mismo procedimiento que emplearon los árabes para transmitir las enseñanzas de los filósofos griegos a los centros occidentales, generalmente por medio del siriaco y del árabe. Del mismo modo, las obras de Aristóteles fueron transmitidas a España, donde los sabios musulmanes las estudiaron y las comentaron asiduamente. Los trabajos de Averroes, por ejemplo, nos dan una idea de la tremenda autoridad que adquirió este filósofo griego entre los eruditos mahometanos, y no es de extrañar que se le hayan atribuído obras de muchas clases para darles más importancia y más autoridad. De todas estas atribuciones la que tuvo más éxito fué el *Sirr al-asrār,* o sea *Secretum secretorum,* la cual llegó a ser, en sus varias versiones, una de las obras más conocidas de toda la Edad Media en Europa.

De las tres versiones en lenguas europeas, dos aparecieron en España. La más antigua de éstas fué una traducción fragmentaria hecha por Johannes Hispalensis, cuyo nombre aparece también como Avendehut o Avendeath, corrupción de su apellido Ibn Dawud. Era un judío confeso empleado por Raimundus, arzobispo de Toledo, y uno de los que trabajaban con el archidiácono Dominicus Gundisalvi. Escribió durante bastante tiempo, desde 1135 a 1153. Johannes nos dice en su obra que una reina española llamada Theophina (o Tharasia según algunos manuscritos) le pidió que preparase un tratado sobre la dietética, y, después de encontrar la obra de Aristóteles, tradujo las secciones que tratan de las reglas para conservar la salud y, por añadidura, la descripción de las estaciones del año. No se ha podido establecer la identidad de esta reina. Se han hecho intentos para identificarla con Doña Teresa, madre de Affonso Henriques de Portugal, pero esta hipótesis parece poco probable.

Una breve versión del *Sirr al-asrār,* de la cual había sacado su traducción Johannes Hispalensis, aparece en otras traducciones en el siglo XIII. Además del texto árabe tenemos en España una traducción al hebreo hecha por Judah Al-Harizi, que se remonta a principios del siglo XIII [1]. Al-Harizi, escritor judío probablemente oriundo de Granada y bien conocido como erudito y traductor, trabajó en España por los años 1190-1218 [2]. Esta obra, en su forma hebrea, fué muy conocida en toda España y otras partes de Europa, y quedan

---

[1] Edición, traducción e introducción por Moses Gaster, en *Journal of the Royal Asiatic Society,* 1907, págs. 879-913; 1908, Part I, págs. 111-162. También en Moses Gaster, *Studies and Texts in Folklore, Magic, Mediaeval Romance, Hebrew Apocrypha and Samaritan Archaeology* (Londres, 1925-1928), II, 742-813, y III, 246-278.

[2] Moritz Steinschneider, *Die arabische Literatur der Juden* (Frankfurt a. M., 1902); *Die hebräischen Uebersetzungen des Mittelalters und die Juden als Dolmetscher* (Berlín, 1893); "Die arabischen Uebersetzungen aus dem Griechischen", en *Centralblatt für Bibliothekwesen,* Beiheft XII (Leipzig, 1903).

hasta hoy varios manuscritos de esta versión. Se distingue de las otras versiones en que contiene una sección sobre la alquimia que no se encuentra en ninguna otra, sino en un texto impreso, del cual hablaremos después. También en el siglo XIII aparece la traducción al castellano, conocida por el título *Poridat de las poridades,* cuyo texto presentamos aquí.

Sin embargo, la forma larga y más conocida en Europa es precisamente la oriental, muy distinta de la hispana. Esta versión oriental, en su traducción latina de Felipe de Trípoli, llegó a España durante el siglo XIII. No nos interesa aquí la historia de este texto, pero debemos mencionar que a la edición impresa por Achillini en Boloña en 1501 aparece añadida una parte sobre la alquimia que el impresor debe de haber sacado del texto hebreo. Incluyó también en su edición un lapidario que sólo se halla en la forma occidental que tradujo Al-Harizi.

Es casi seguro que el texto de Johannes Hispalensis influyese también en la traducción que hizo Felipe de Trípoli, porque sólo así se puede explicar la semejanza de lenguaje y las confusiones del nuevo texto latino [3].

El carácter de esta obra, propia no sólo para los gobernadores, sino también para los ricos y los poderosos que querían aprovecharse de los consejos de Aristóteles, la hizo muy popular en toda Europa, como puede verse al consultar el gran número de manuscritos que se han conservado. Por desgracia, no hay todavía un buen catálogo de los manuscritos del *Secretum secretorum*. El de Förster está incompleto y tiende a confundir la versión de Johannes Hispalensis con la de Felipe de Trípoli [4], mientras el de la Sra. Singer se ocupa sólo de los manuscritos que se encuentran en la Gran Bretaña e Irlanda [5].

De la forma oriental en España nos ocuparemos en otro lugar, considerando aquí sólo la versión occidental, la cual es más característica de la tradición hispano-árabe. La versión en castellano llamada *Poridat de las poridades,* la traducción al hebreo de Judah Al-

---

[3] Robert Steele, *Secretum secretorum,* en *Opera hactenus inedita Rogeri Baconi,* fasc. V (Oxford, 1920), pág. xxi.

[4] Richard Förster, "Handschriften und Ausgaben des pseudo-Aristotelischen Secretum Secretorum", en *Centralblatt für Bibliothekwesen,* VI (Leipzig, 1889), págs. 1-22, 57-76.

[5] D. W. Singer, *Catalogue of Latin and Vernacular Alchemical Manuscripts in Great Britain and Ireland Dating from Before the XVI Century* (Bruselas, 1928).

Harizi, y la forma occidental del árabe son una rama distinta de lo que suele llamarse *Secreto de los secretos*. Se ha aplicado como término general el nombre que en verdad debe aplicarse sólo a la versión latina de Felipe de Trípoli. Para evitar toda confusión sobre este punto, vamos a distinguir entre el *Secreto de los secretos* (o *Secretum secretorum*) la forma oriental, y la *Poridat de las poridades* la forma occidental o hispánica. La equivalencia de *secreto* y *poridad* ha sido tal vez responsable de ciertos errores en discusiones anteriores sobre estas obras, aunque muchas de las características que las distinguen habían sido ya señaladas por el infatigable investigador de la primitiva literatura didáctica española Hermann Knust[6], pero como no acompañaron a sus descripciones los textos mismos, quizá esas diferencias no quedaron tan aclaradas como era de desear.

Tampoco nos vamos a ocupar de la versión de Johannes Hispalensis. En verdad, no pertenece a la literatura castellana, porque se diseminó sólo en la forma latina. Además, como traducción parcial de la obra, no puede tener el interés que tiene para nosotros la *Poridat de las poridades* en relación con las otras versiones peninsulares[7]. Ya tenemos una edición del hebreo, y es de esperar que se publique pronto una edición del texto árabe, ya preparada, basándose en el MS Arabe 2421 de la Biblioteca Nacional de París y en el MS Laud. Or. 210 de Oxford[8].

La *Poridat de las poridades* es la primera traducción del *Sirr al-asrār* a una lengua moderna. Es difícil precisar la fecha de la obra; sin embargo, dos de los manuscritos son probablemente de fines del siglo XIII o comienzos del XIV, y representan ya en aquella fecha dos

---

[6] Hermann Knust, "Secretum Secretorum" y "Poridad de Poridades", en *Jahrbuch für romanische und englische Literatur*, X (1869), págs. 153-172, 272-317.

[7] Además del texto de la *Poridat de las poridades* tengo el proyecto de publicar una edición del *Secreto de los secretos*, con cuyo fin he escogido la traducción al aragonés hecha por Juan Fernández de Heredia. Esta versión no sólo presenta el texto oriental, sino que también nos ofrece materiales para el estudio de un dialecto interesante.

[8] La forma oriental, que lleva el mismo título que la versión occidental, es decir, *Sirr al-asrār,* ha sido publicado recientemente: Islamica 15, *Fontes Graecae, Doctrinarum politicarum islamicarum, pars prima, 1. Testamenta Graeca (Pseudo-) Platonis et 2. Secretum secretorum (Pseudo-) Aristotelis,* edidit et prolegomenis instruxit ʿAbdurraḥmān Badawi (Cahirae, Ex Typis Bibliothecae Aegyptiacae, 1954).

Una traducción al inglés se halla en el libro de Steele.

familias distintas, lo cual indica una tradición de bastantes años atrás. Por eso se puede quizá fechar la obra a mediados del siglo XIII, tal vez a fines del reinado de Fernando III o durante los primeros años del reinado de Alfonso X. El lenguaje es de aquella época; hay pocas diferencias entre las formas empleadas en la *Poridat de las poridades* y las de la mayoría de las obras didácticas de aquel tiempo.

Ya se sabe que existe un texto que tradujo al catalán casi íntegramente la *Poridat de las poridades* [9]. A pesar de que esta obra, el *Libre de la saviesa*, se ha atribuído al rey don Jaime I de Aragón, hay muchas razones para dudar de la exactitud de esta atribución. Si pudiéramos probar que el *Libre de la saviesa* data del reinado de este monarca, tendríamos como *terminus ad quem* el año 1276, fecha de la muerte de don Jaime. Sin embargo, apoyándonos en los manuscritos que han llegado a nosotros, no se puede afirmar que la obra sea del siglo XIII. Además, sería muy arriesgado decir que el texto, en la forma que nos es hoy conocida, represente una tradición corrupta. Como se ve a menudo, los copistas de obras de esta índole, obras compuestas de varios textos copiados total o parcialmente, muchas veces añaden o quitan trozos, lo cual ha pasado con este mismo texto catalán y, anteriormente, con el de la *Poridat de las poridades*. Puesto que falta un manuscrito fidedigno del *Libre de la saviesa* que nos permita establecer sin lugar a duda su relación con don Jaime I, no puede servir esta obra para aclarar la fecha de la *Poridat de las poridades*.

Tampoco se pueden indicar otras obras del siglo XIII que hayan empleado este texto como fuente. Amador de los Ríos ha señalado varias secciones de las *Siete partidas* que derivan de la *Poridat de las poridades* [10]; pero estas mismas ideas se encuentran en el *Secretum secretorum*, obra también conocida en latín en esta misma época, y, por lo tanto, es difícil determinar con certeza la fuente utilizada en cada caso.

También se ha hablado de la *Grande e general estoria*, cuarta parte, de Alfonso el Sabio, en la cual aparece copiado un "*Libro de los enseñamientos y castigos que Aristóteles envió a Alejandro*, llamado también *Poridat de poridades*" [11]. Pero no es exacto. Lo que se halla

---

[9] Las ediciones del *Libre de la saviesa* no han tenido bastante en cuenta el manuscrito escurialense. Véase el Apéndice II.

[10] José Amador de los Ríos, *Historia crítica de la literatura española*, III (Madrid, 1863), pág. 546, nota 2.

[11] José A. Sánchez Pérez, *Alfonso X el Sabio* (Madrid, 1934), págs. 84-85.

copiado es una parte del *Libro de los buenos proverbios,* que tiene también una serie de cartas escritas por Aristóteles y Alejandro Magno. Además, las ideas de la *Poridat de las poridades* que se encuentran en la *General estoria* se hallan también en los *Buenos proverbios,* de modo que la influencia de la obra seudo aristotélica se debe a unos resúmenes que incluyó en su libro el recopilador de los *Buenos proverbios* Honein ben Ishak, y no a la obra misma. La semejanza de estos materiales, que pertenecen a un ciclo de Alejandro Magno [12], ha hecho que el copista de la *Poridat de las poridades* y de los *Buenos proverbios* cambiase el orden de los capítulos de este último para que los que tratan de Aristóteles y de Alejandro quedasen más cerca de la *Poridat de las poridades.* De este modo el lector puede creer que se trata de una sola obra, opinión que parece justificada por la gran variedad de asuntos que se han incluído en ella y por la identidad de los protagonistas. Aunque los dos manuscritos de los *Buenos proverbios* incluyen este cambio en el orden de los capítulos, lo más probable es que el manuscrito empleado por Alfonso X no tuviese el texto de la *Poridat de las poridades.* Dados los métodos del Rey Sabio en la utilización de las fuentes, seguramente se hubiera aprovechado de los materiales de esta obra si la hubiese tenido delante.

El Dr. Charles P. Wagner ha indicado ya que el autor del *Caballero Zifar* conocía la *Poridat de las poridades* y asimismo la forma oriental. Se basa su opinión sobre lo que llama él "la genealogía de los vicios y de las virtudes" en las páginas 304 a 305 de su conocida edición. En verdad, esta "genealogía" es mucho más parecida a la forma occidental. Sin embargo, el autor tendría presente también el *Secreto de los secretos,* porque el refrán "Del grant afaçiamiento nasçe menospreçio" se halla sólo en esta última obra.

El texto de la *Poridat de las poridades* está formado por una introducción y ocho capítulos o *tractados.* Comienza con una atribución de la obra a Aristóteles, ayo de Alejandro Magno. Estando el rey en Persia después de haber conquistado aquel país, se encuentra con algunos problemas difíciles de resolver al empezar a gobernar. Se acuerda entonces de su ayo, y le manda una carta pidiéndole que venga a ayudarle. Aristóteles se disculpa, dando por razón los achaques de la edad, pero manda un tratado sobre el arte de gobernar. Según el autor, utiliza un lenguaje cuyos significados sólo Alejandro

---

[12] Una discusión general de Alejandro Magno en la Edad Media se halla en George Cary, *The Medieval Alexander* (Cambridge, 1956).

podrá descifrar, precaución empleada para evitar que la gente mala se adueñe de los secretos que envía a su discípulo. Son secretos divinos, revelados por Dios, y pocos son los que merecen saberlos. En esta obra aparece Aristóteles como profeta cuyas profecías, al contrario que en las escrituras sagradas, no han sido recogidas en libro.

El nombre del primer traductor, Yahya ibn al-Batrik, nos puede dar una idea de la antigüedad de la obra, ya que se sabe de él que trabajó hacia A. D. 800, que fué cristiano nestoriano, y que fué un esclavo liberto del Califa al-Ma'mun, el Miramomelin de la introducción. En la corte del califa se destacó como traductor, y hay quien cree que fué el recopilador del *Sirr al-asrār*[13]. Según sus palabras, buscó el libro porque se lo había mandado el Miramomelin. Lo encontró por fin en un templo de Hermes Trismegistos (llamado en el texto Homero el Mayor), en un volumen escrito en letras de oro. Tradujo esta obra primero al latín, según nuestro texto, y del latín al árabe. Nos choca la traducción al latín, que parece ser un error del traductor castellano. El texto árabe emplea la palabra r u m i, que se habrá confundido con r o m a n o, es decir, latín. Si es verdad lo que dice Yahya sobre este punto, la lengua original de su hallazgo podría ser el griego. El r u m i se presta a dos interpretaciones. El término a veces se aplica al griego bizantino u otra lengua de los cristianos de aquel imperio; otras veces se refiere al siriaco. En este caso se ha creído que significa esta última por haberse empleado mucho esta lengua como medio de transmisión entre el griego y el árabe. En cambio, el prólogo de Yahya ha podido ser invención suya, ya que no tenemos noticias de esta recopilación ni en griego ni en siriaco.

Al prólogo sigue la obra misma, que se divide en ocho tratados de carácter diverso:

I. Sobre las maneras de los reyes.
II. Sobre las cualidades de los reyes y su conducta.
III. Sobre la justicia.
IV. Sobre los ministros, escribas, y cobradores de las rentas del rey.
V. Sobre los embajadores.

---

[13] Véase *Jacob van Maerlant's Heimelijkheid der Heimelijkheden,* opnieuw naar de Handschriften uitgegeven en van inleiding en aanteekeningen voorzien ... door Andries Anton Verdenius (Amsterdam, 1917). Verdenius estudia las fuentes del *Secretum secretorum.* En su edición de la forma hebrea, Gaster habla de las fuentes de la versión occidental.

VI. Sobre la organización del ejército.
VII. Sobre la estrategia en la guerra, y
VIII. Lapidario.

Si hacemos excepción del tratado VII, todos los títulos indican una serie de consideraciones necesarias para la buena conducta del rey y el bienestar de su reino. Sin embargo, al examinar el contenido de los tratados, se encuentra una serie de cosas no indicadas por el título. Bien podemos preguntar por qué se han introducido estos elementos que nada tienen que ver con el resto del capítulo. Esto se nota especialmente en los tratados IV y VII, sobre todo en este último, en el cual hay una discusión de alianzas militares, táctica militar, armas, modos para determinar de antemano el resultado de un conflicto, un tratado de fisonomía, otro sobre la salud, una sección sobre el régimen dietético del rey y una descripción de las estaciones del año. Esta última parte corresponde al tratado de Johannes Hispalensis. La introducción de tantos materiales ajenos a lo militar no deja de sorprender al lector; sin embargo, tiene una explicación fácil.

Se aprecia enseguida que el tratado VIII, el lapidario, no tiene relación alguna con el resto de la obra [14]. Además, este mismo lapidario no existe en el *Secreto de los secretos,* lo cual puede indicar que tal vez se trate de una adición hecha después de traído el texto al occidente. Si prescindimos de este tratado, queda el séptimo como el último, en cuyo caso resulta ser el lugar natural para adiciones de cualquier clase. Se añaden al final de la obra sin prestar atención al contenido del tratado propiamente dicho por considerar, sin duda, que al añadir estos materiales al final de la obra se añaden a su conjunto. Se hubiera podido reorganizar la obra, como en el caso del *Secreto de los secretos,* como puede comprobarse con sólo comparar los títulos de los capítulos. En este caso se encuentran algo más apropiadamente en el tratado segundo, donde encajan con las responsabilidades del rey.

Una vez reconocido el hecho de que hay adiciones en el texto que ha llegado a nosotros, bien podemos preguntar en qué consistía la obra primitiva. Debemos recordar que, según el prólogo de Yahya ibn al-Batrik, el original fué hallado en el templo de Hermes, y pode-

---

[14] Es de notar un caso curioso en este tratado: al comienzo de la obra se anuncia "El ochauo [tratado] es de los saberes ascondidos et de propiedades de piedras et de las plantas et de las animalias et de poridades de fisica", pero el tratado no incluye más que un lapidario.

mos suponer que la lengua en que estaba escrito fuese el griego. Aun dejando aparte toda consideración sobre la exactitud del relato, verídico o no, del descubrimiento de la obra, debemos entender que por algo indicó una fuente griega. Como obra que pertenece a la literatura conocida por espejo de los príncipes, debemos considerar en primer lugar la parte moral de los tratados iniciales como más típica de este género. Es precisamente esta parte que representa un rey ideal más griego (es decir, bizantino o alejandrino) que oriental, lo que puede explicar en parte por qué se aceptaba tan fácilmente la obra como auténtica de Aristóteles. Es muy posible que el texto ya hubiese sido cambiado cuando Yahya empezó su trabajo de traducción, y que los escribas siriacos hubiesen añadido trozos por su cuenta. Pero poco importa si las adiciones son anteriores o no. Lo esencial es que existían entre los siriacos unos textos, partes de los cuales se parecían mucho a la *Poridat de las poridades,* y que entre ellos había obras atribuídas al Estagirita que podían asociarse con este libro. Los textos siriacos y etiópicos que ha publicado el Dr. Budge nos permiten comparar trozos o frases de la *Poridat de las poridades* que también aparecen en ellos [15]. Hasta se encuentran anécdotas o *enxiemplos* enteros de origen oriental, como el cuento de la mujer alimentada con venenos [16], que se ha llamado el primer cuento en lengua europea, y el de los astrónomos, que sirve para justificar las predicciones basadas en la astrología.

La naturaleza heterogénea del *Sirr al-asrār* hacía fácil poner estas adiciones, incluso las más alejadas de los conceptos básicos de Aristóteles, y tal vez porque, dado el sentido esotérico de la obra, se aceptaba todo el texto como auténtico durante la Edad Media. Incluso los

---

[15] *The Laughable Stories Collected by Mâr Gregory John Bar-Hebraeus...*, edición de Ernest A. Wallis Budge (Londres, 1897); véanse sobre todo los números X, XLIII y LII. La fisonomía en la pág. 177 y sigs. es semejante a la del *Secretum secretorum*. Véase también Budge, *The History of Alexander the Great, being the Syriac Version of the Pseudo-Callisthenes* (Cambridge, 1889) y la reseña por M. Gaster de Budge, "Syrian Anatomy, Pathology and Therapeutics or 'The Book of Medicines'", en *The Journal of the Royal Asiatic Society* (abril, 1914), págs. 503-507. También Budge, *The Life and Exploits of Alexander the Great, being a series of Ethiopic Texts,* 2 vols. (Londres, 1896).

[16] Wilhelm Hertz, "Die Sage vom Giftmädchen", en *Abhandlungen der Philosophisch-Philologischen Classe der Königlich Bayerischen Akademie der Wissenschaften,* XX (1897); es una discusión del origen y manifestaciones de este tema.

reflejos de otras filosofías pasaron inadvertidos, como, por ejemplo, ocurre en el comienzo del tratado IV, que lleva una introducción sobre uno de los secretos básicos del libro: la relación entre el alma y la razón. La versión del *Secreto de los secretos,* que tiene esta misma sección aunque en forma más larga, ha sido identificada por Verdenius como derivación de las obras de los Ikhwān al-ṣafā', llamados también los hermanos de la pureza. Eran un grupo de filósofos de tendencia neo-platónica que trabajaron en Basra después del año 983. Este grupo sabía algo de Aristóteles, pero influía en ellos más la filosofía de Platón. Sus obras trataban principalmente de la filosofía, de la política y de la religión. Desgraciadamente se han publicado sólo trozos de sus obras [17], porque de haberse podido publicar enteras, sería de muchísimo interés comparar sus trabajos con el *Secreto de los secretos* y la *Poridat de las poridades*.

Förster y Steinschneider han tratado de explicar la *Poridat de las poridades* como una forma abreviada o fragmentaria de la versión oriental. Más fácil de comprender y más verosímil es la explicación basada en las constantes adiciones hechas al texto. Como obra derivada de tantas fuentes y que trata de tan variados asuntos, se prestaba especialmente a cualquier adición que pudiese interesar al rey, puesto que se les daba más autoridad incluyéndolas en una obra aristotélica, y, por lo tanto, el escriba copiaba sencillamente lo que le parecía al caso. Por fin, el texto, que empezaba como una corta obra moral, como un espejo de príncipes, se compone de todo lo que podría ser de interés al monarca —la sanidad, la higiene, el baño, la fisonomía, la alquimia, la medicina, la magia, las piedras preciosas—, en fin, todo lo que debería saber un rey. Aun después de traducido del árabe al latín se hicieron adiciones, como la de Achillini, u omisiones, como el caso de que se lamenta Roger Bacon en su propia edición y comentarios al *Secretum secretorum* [18].

Algo análogo ocurrió con la *Poridat de las poridades*. En algún momento del desarrollo de esta obra el texto llegó al Oeste, lejos de los centros de la cultura musulmana, donde se le dió consideración de joya de la filosofía aristotélica, y es probable que se hiciesen pocos cambios, mientras que el texto oriental continuaba modificándose y alargándose cada vez más en su lugar de origen. En esta forma estática la obra occidental pasó al hebreo y al español.

---

[17] Friedrich Dieterici, *Die Philosophie der Araber* (Leipzig, 1858-1891).
[18] Véase la edición de Steele.

Lo que distingue el texto castellano que publicamos es un lapidario largo al final que coincide en su comienzo con el árabe y el hebreo, pero después, en los manuscritos *M* y *N,* añade una serie de piedras descritas muy brevemente. El manuscrito *L,* sin embargo, se restringe al lapidario del texto árabe. El fragmento *O* no llega a este punto. ¿Tenemos aquí otro caso de adición? Sin duda, porque se puede probar que se ha sacado este lapidario del *Libro de Alexandre,* siguiendo el mismo orden de presentar las piedras, aunque con unas pocas confusiones y omisiones. Para que se vea mejor la correspondencia de los varios lapidarios y para ayudar en la identificación de las piedras, a continuación aparecen unas listas de las piedras de la *Poridat de las poridades,* del *Libro de Alexandre,* las de las *Etimologías* de San Isidoro, que corresponden a éstas, y las de los textos árabe y hebreo.

Poridat (MN)	Alexandre P	Alexandre O	San Isidoro	Arabe	Hebreo
uezahar				bāzhar	bazhar
girgonça				yāqūt	iakut
esmeralda	esmeraldo	esmeragde	smaragdus	zumurrud	zmrd
alhent				baht	alkahat
turquesa				firūzag	ahlamah
iaspes	jaspis		iaspis		
diamante	diamante		adamas		
	magnete		magnete		
	ademante				
anglezia	gabayca	gamante	callaica		
melozio	melozio	magnera	molochites		
elcutropia	alitropia	adiamant	heliotropium		
sardia	sagda	galuca	sagda		
coral	coral	melozio	coral		
jacinto	iacinto	ydropico	hyacinthus		
margarita	margarita	sagita	margarita		
piropus	peoruos	coral	poederos		
gasten	aestaris	yaçeto	asterites		
galantes	lalatires	margarita	galactites		
galaçior	galaçio	peorus	chalazias		
sulgema	soliema	esteru	solis gemma		
selenites	seleuientes	calatides	selenites		
sendia	sinudra	galaçio	cynoedia		
meradgues	metades	solgoma	achates		
asençio	isynçio	solmites	apsyctos		
dionisia	djonisa	en medio	dionysias		
escantaliçio	contaliçio	adat	hexecontalithus		
adamant	adamante	absinto	adamas		
	irisius	dionisia	iris		
	astrion	escontalide	astrios		
electria	electa	adiamant	alectria		
endios	ordreos	griz	enhydros		
cristal	cristal	asbrion	crystallus		
		empotria			
		androz			
		cristal			

Es digno de nota que el lapidario del *Sirr al-asrār* se componga sólo de cinco piedras, las cuales vienen a ser las mismas del hebreo (salvo un cambio de orden entre alkahat y aḥlamah); igualmente termina con éstas el manuscrito L de la *Poridat de las poridades*. La esmeralda de esta última obra no es la misma del *Libro de Alexandre;* sólo desde el iaspes en adelante coincide parcialmente el lapidario versificado de este libro con el de la *Poridat de las poridades* [19]. La adición corresponde bastante bien con su supuesta fuente en el orden de las piedras y en el contenido del texto. Sólo hay una confusión entre d i a m a n t e y m a g n e t e en el de la *Poridat de las poridades*, el cual omite también i r i s y a s t r i o s. El manuscrito del *Libro de Alexandre* usado por el escriba que añadió este lapidario debió ser bastante distinto de los dos que tenemos. En la forma de los nombres se acerca unas veces al manuscrito de París y otras al de Madrid. Hasta en ciertos errores del *Libro de Alexandre* coincide con esta obra, como en el caso de la s a r d i a que atrae las nubes (en vez de las naves). No cabe duda de que se quería aumentar el muy reducido lapidario de la traducción primitiva, y ya que se conocía el del poema que forma parte del mismo ciclo, se agregó una prosificación de este trozo. Llega a ser un ejemplo más de lo que debió acontecer muchas veces en el desarrollo de la forma árabe.

No hemos considerado el problema de la fuente inmediata de la traducción al castellano, es decir, de qué texto, árabe o hebreo, se sirvió el traductor. Es un problema que no pretendemos resolver aquí, ya que nos falta un texto crítico de la forma árabe. Sin embargo, basándonos en los trozos que hemos podido comparar, lo que parece evidente es que no es el texto hebreo el que se tradujo. Para resolverlo definitivamente sería necesaria una comparación por un arabista de los diversos textos.

Es difícil comprender por qué no se ha publicado antes el texto de la *Poridat de las poridades,* ya que es, sin duda, uno de los tratados más interesantes de la literatura didáctica de la Edad Media en España. Los análisis y las descripciones hechas por Hermann Knust, así como los comentarios de Amador de los Ríos, han sido pasados por alto o mal entendidos por los historiadores de la literatura. A pesar de que han aparecido excelentes estudios y ediciones del *Secretum*

---

[19] A. Morel-Fatio, "Recherches sur le texte et les sources du Libro de Alexandre", *Romania,* IV, págs. 71-72, nos da cuenta de las piedras que según el autor se habían sacado de las *Etimologías* de San Isidoro.

secretorum en otras lenguas, los textos españoles, la versión oriental así como la occidental, han sido prácticamente enterrados en el olvido. Hay que tener en cuenta que sólo en el español se encuentran textos de las dos versiones, y que mientras no se publiquen las dos, la historia de esta obra no puede escribirse.

Son cuatro los manuscritos de la *Poridat de las poridades* que conocemos:

MS *L*, Biblioteca Nacional, Lisboa, manuscrito iluminado n.º 46.
MS *M*, Biblioteca de El Escorial, MS L. III. 2.
MS *N*, Biblioteca de El Escorial, MS h. III. 1.
MS *O*, Biblioteca Nacional, Madrid, MS 6.545 (olim S-25).

De ellos, es el MS *M* el que parece más apropiado para editarlo, dado el cuidado con que se ha presentado el texto, además de su antigüedad. Es el que hemos escogido para servir de base de esta edición. El tomo comienza con la *Poridat de las poridades,* folios 1a a 26b. Sigue el *Libro de los buenos proverbios* en los folios 26c a 67d, fin del tomo. A la forma epistolar de la *Poridat de las poridades* se debe en parte el hecho de que se haya cambiado el orden de los capítulos de la segunda obra, uniéndolos a la primera para que todos los materiales sobre la leyenda de Alejandro Magno quedasen juntos. También se han incluído en esta sección tres capítulos más: *Ensennamiento de Diogenis, Ensennamiento de Faygoras, Ensennamiento de Ypocras;* y comienza el *Libro de los buenos proverbios* propiamente dicho en el folio 49c, quedando incompleta la obra.

En este manuscrito se empleó un pergamino grueso. Miden los folios 255 × 180 mm. La escritura está a dos columnas de 192 × 62 mm., cada columna de 26 líneas. La foliación está en números árabes en lápiz sobre el intercolumnio de cada folio, con restos de una foliación primitiva en números romanos en el margen derecho. Los folios 45, 64 y 65 se han cortado en la parte baja sin daño del texto. El folio 48 está cortado por la mitad, y se ha sustituído por medio folio de papel en el que, copiadas del MS *N*, están escritas en letra del siglo XIX las partes que faltan. El primer folio ha sufrido deterioros al pie de la columna *b*, parte de la cual es ilegible. El folio 29 aparece algo estropeado en la parte superior y un poco más abajo está roto.

La letra es gótica de fines del siglo XIII, en tinta negra algo descolorida, pero muchas de las letras han sido rehechas posteriormente con tinta más oscura. El tamaño de las letras varía de 4 a 6 mm. de alto. Hay tinta roja en las rúbricas. Las iniciales, mayúsculas y calderones alternan entre rojo y azul. Los adornos de las iniciales grandes son rojos, azules y verdes. La miniatura de la L inicial del texto representa un escriba de rodillas ante un rey.

La encuadernación es la típica de El Escorial. Hay dos hojas de guarda de papel grueso al comienzo y otros dos por el final. El manuscrito procede de la Biblioteca del Conde-Duque de Olivares, signatura L. 31. Para otros datos sobre el manuscrito véase la descripción de Julián Zarco Cuevas en *Catálogo de los manuscritos castellanos de la Real Biblioteca de El Escorial* (Madrid, 1926), II, página 262 [20].

El manuscrito *L* es de aproximadamente la misma fecha que el MS *M,* tal vez un poco anterior. Todo el códice está en muy mal estado, sobre todo el principio y el final. La tinta, muy descolorida y casi ilegible en muchas partes, debió ser negra.

El volumen contiene las obras siguientes: Folio a*r*. "Estos sson los .xxx. e dos dias que ... [E]stos son los xxx e dos dias que fablaron los sabios de Greçia que son fuertes e periglosos..." No se puede leer el final de la página a causa de lo descolorido de la tinta y la mala condición del pergamino. Parece que esta página tiene alguna relación con el contenido del folio 9. Folio a*v*. Una serie de fragmentos, probablemente ensayos de algún copista. Comienzan con el alfabeto en letra minúscula y siguen con el principio de "Aue Maria, gracia plena" (dos veces); después cuatro copias de un diploma de "Don Alffonsso", dos de ellas incompletas, que llegan hasta el folio b*r*.

Folio b. Una copia en dos columnas de alguna obra tan descolorida que no se distinguen más que unas pocas palabras. Es posible que formen parte del texto "xxx e dos dias" del folio a*r*. Sin reactivos no se puede leer más que algunas palabras aisladas.

Folios 1*r* a 8*v*. *Poridat de las poridades*. Comienza: "Este libro fizo el philosopho leal Aristotil, fijo de Nicomacho, a su discippulo Alexandre, fijo de Philippo el major, el ondrado, el nombrado Dulcarnayn..." Termina con el lapidario: "... e la dan a beuer al que fiere el alacran o alguna otra bestia mala, fazel gran pro". Al pie de la

---

[20] En su *Catálogo* indica Zarco Cuevas que el manuscrito es del siglo xiv. Sin embargo, después del examen minucioso de la letra, de los adornos y del pergamino que hemos hecho, creemos que debe atribuirse el manuscrito al siglo xiii.

última columna hay una tabla con una equivalencia numérica de las letras del alfabeto.

Folio 9. Unas tablas en latín que dan el valor de los números, según el castellano en el folio 6r.

Folios 10r a 16v. "Incip*it* liber mapa mu*n*di Sancti Ysydory. Este libro fabla del mundo como es ordenado de los .iiii.^{tro} eleme*n*tos *e* es trasladado de nueuo de lati*n* en roma*n*z ... *e* segu*r*amiente erraro*n* hy que dizia*n* que aq*u*el era el parayso te*r*renal pues q*u*e tanto bie*n* era hy *e* tan grand" [21].

Folios 16*f* a 18*f*. Una obra en latín en letra muy pequeña y tan descolorida que es imposible leerla.

La encuadernación es de pergamino grueso con una tira de cuero que sujeta parcialmente los folios. El título del lomo no se lee bien a causa de las condiciones en que está el pergamino y las etiquetas que se le han pegado, pero se distingue: "Consejos de Arist. *e* Alexand. *e* [?] Mappa Mundi San Isidro de ..." Al pie de la cubierta delantera se lee "C A A n.º 22", y debajo de estas letras el número "28" en tinta más descolorida. Hay dos hojas de guarda al comienzo y ninguna al final del tomo. En el vuelto de la primera hoja de guarda se lee: "Comprado ao sr. Dr. Gaio—1868." En el folio *a* se ven las antiguas signaturas: "π. N. 39" y "Z-3-18". La foliación es moderna, con números árabes con la excepción de los primeros dos folios (que en verdad sirven de hojas de guarda) que se designan con las letras *a* y *b*. Se empleó para este manuscrito un pergamino inferior, ahora bastante gastado y algo mutilado por los cantos. Hasta el folio 11 se encuentra en el borde exterior una serie de agujeritos como si hubiese sido cosido por aquel lado. En el folio 5 del pergamino existía ya un agujero grande, puesto que el texto llega solamente al borde del defecto. Lo mismo se puede decir de un agujero más pequeño del folio 1. Unos agujeritos en el folio 4 no impiden la lectura del texto, pero los del folio 7 aparecen en el lugar de algunas letras. Las características grasientas del pergamino del folio 7 hace casi imposible la lectura de la columna *c*.

Los folios miden 154 $\times$ 208 mm. Están escritos a tres columnas de 35 a 40 $\times$ 164 mm. Hay 45 líneas en cada columna. Varía la

---

[21] Está en preparación una edición de esta obra por los señores William E. Bull y Harry Williams, de la que forma parte un estudio del lenguaje del texto.

altura de las letras de 1 a 2 mm. Las del texto latino al final son mucho más pequeñas.

La tinta está muy descolorida, llegando a ser de un amarillo claro en algunas partes. En general las iniciales son rojas, con algunas en azul. El texto latino alterna las rojas y las azules. Los calderones del texto de la *Poridat de las poridades* están en tinta roja. Hay pocos adornos y éstos muy sencillos y acompañando sólo a las iniciales. Se encuentra al margen muy de vez en cuando alguna palabra olvidada en el texto o, en mano posterior, la interpretación de una palabra difícil de leer. En otros casos aparece una palabra que no tiene nada que ver con el texto, como en el caso de lo que parece reclamo al pie del folio 2r, "et amar", pero no continúa así el folio siguiente. Las rúbricas están en rojo; esta tinta ha sufrido más que la negra. La segunda mitad de la primera línea de la columna 2c está en blanco.

En algunas partes puede apreciarse que los folios han estado pegados alguna vez, siendo por lo tanto imposible la lectura. Afortunadamente son pocas las letras en este caso.

Según el catálogo de la Biblioteca Nacional, el texto es del siglo XIV, pero sigue un punto de interrogación a esta fecha. Parece algo más antiguo, tal vez de la misma edad que el MS *M*, es decir, de fines del siglo XIII o comienzos del XIV. Gerhard Moldenhauer ha descrito ya este manuscrito en "Contribución al catálogo de manuscritos españoles existentes en bibliotecas portuguesas", en *Revista de Archivos, Bibliotecas y Museos,* XLIX (1928), págs. 62-64.

El MS *N* es de la Biblioteca de El Escorial, h. III. 1, antes v. M. 14 y ii. A. 8. Es el texto de que habla Amador de los Ríos, y está descrito por Zarco Cuevas, *op. cit.*, I, 209. Los textos contenidos en este volumen son los siguientes:

Folios 1r a 73 v. *Vidas y dichos de filosofos antiguos.*
Folios 74r a 96v. *Poridat de las poridades* (precede a este texto un folio en blanco).
Folios 96v a 130r. *Libro de los buenos proverbios* (los capítulos llevan el mismo orden que en el MS *M*).
Folios 130v a 144v. *Castigos de los sabios y filosofos.*
Folios 145r a 146r. *Capitulo del filosofo que llamauan Segundo que era de Atenas.*
Folios 146v a 147r. *Capitulo como los fijos deuen onrrar al padre y como el padre deue fazer que le onrren sus fijos.*

Folios 147r a 155r. *Capitulo de las hedades que fueron fasta la venj da de Ihesu Christo.*

Folios 155r a 157v. *Capitulo de las palabras de Eclesiastes, fijo de Dauid, Rey de Iherusalem.*

Folios 157v a 158v. *Capitulo de las palabras de sapiencia que dixo Eclesiastes en su libro* (incompleto).

La foliación original en tinta negra está en dos series: i-lxxiii y i-lxxxv. Una foliación posterior en lápiz emplea números árabes y llega de 1 hasta 158. Se empleó un papel grueso que todavía está en buen estado. La escritura es del siglo xv, con letras que varían de 2 a 9 mm. de altura. Se empleó tinta negra para el texto y tinta roja para las rúbricas y los calderones. En el texto de la *Poridat de las poridades* hay sólo un reclamo en el folio 85v. No hay adornos.

Miden los folios 280 × 205 mm. El texto está escrito en una sola columna que mide 190 × 120 mm. La encuadernación es la de la Biblioteca de El Escorial, con la cubierta delantera algo dañada y la de atrás chamuscada. Los cantos son dorados, y el opuesto al lomo lleva el título: *I. Str. Pvridad de Pvridades. 18.* Tiene por delante y por detrás tres hojas de guarda. El vuelto de la tercera hoja del comienzo del tomo lleva el índice del volumen.

El manuscrito O es un fragmento incorporado al texto de los *Bocados de oro,* MS 6545 de la Biblioteca Nacional de Madrid. Comienza el folio 1r con el título: *Castigos y doctrina moral de varios exemplos,* y sigue el texto: "Estos son los dichos de Aristotiles *e* sus castigos. La mejor cosa deste mundo es auer onbre buena memoria *e* nonbradia *e* auer la gracia de Dios. E si en esto eres defender te ha del mal que te quieren fazer los otros...", y termina: "E dixo el que pone su seso por fiel *e* el temor por su mayordomo *e* las pedricaciones por su freno *e* el sofrir por su guiador *e* el temor de Dios por su conpannero *e* el fablar en la muerte el su guiador. Deos Graçias."

En la parte alta del folio 6a se lee: "Capítulo de los castigos que dio el sabio Aristotiles a Alixandre. Loado sea el nonbre de Dios *e* Sennor de todo el mundo. Sennor: Yo Aristotiles mando el mio sennor que buscase el libro de la manera de ordenar el reyno que dise poridad de las poridades..." Continúa el texto de la *Poridat de las poridades* hasta el pie de la columna 9d: "... E a las maneras buenas de Dios non les puede onbre dar cuenta, *e* sepades, Alixandre, que la contraria del..." Queda interrumpido el texto por faltar el folio x Reanuda otra vez el texto de la *Poridat de las poridades* en el folio xvii*d*: "Aristotiles. Alexandre, entended este dicho *e* preçial de mucho. Ca por la graçia de Dios muchas cosas ya dexe de çiençia de filosofia que es el seso...", y acaba en el folio xix*c*: "... que sea prouado por bueno *e* prouar la cosa *e* que sea rico *e* leal *e* non cobdiçioso *e* pugnar la de creçer".

Empezando en el folio xvii*d*, el texto es más bien un resumen de la obra, y termina antes de llegar al final. Sin duda se incluyó este fragmento porque trata de la conducta del rey, lo cual concuerda con el contenido de la obra más larga en que se halla interpolado. Al llegar a las secciones posteriores sobre los ministros y los escribanos, se hizo un resumen por ser éstas de menos interés, y se omitieron los últimos tratados porque eran completamente ajenos al asunto de los *Bocados de oro*. El que ya se encontrasen en la obra algunos enseñamientos de Aristóteles facilitó la entrada de este fragmento de la *Poridat de las poridades*.

El manuscrito presenta dos formas de letra distintas del siglo xiv y en varias clases de papel. La primera parte llega al folio xxiiii y se caracteriza por una letra muy cuidadosa. Empezando con el folio xxv, la escritura es más descuidada y varía mucho en la altura de las letras. Se empleó tinta negra para el texto y roja para las rúbricas. No hay calderones ni adornos. Se dejó espacio para las iniciales, que no llegaron a pintarse. Hay reclamos en los folios 34*v*, 46*v* y 58*v*. Algunos trozos omitidos se hallan suplidos al margen o entre las columnas. Unas manos dibujadas al margen indican las partes que se han considerado importantes.

El papel del manuscrito, por el principio y por el final, se encuentra en mal estado, carcomido y lleno de manchas. Al principio el texto ha sido destruído en varias partes. Los últimos folios están muy deteriorados por la acción de la tinta. El tamaño de los folios es algo irregular: miden por término medio 231 × 217 mm. El texto está escrito a dos columnas de 200 a 226 × 67 mm. La foliación está en números romanos. Falta el folio x.

La encuadernación está en pergamino, quizá del siglo xvi. El lomo lleva el título: *Castigos y doctrina mora[l] de muchos exemplos*. Hay una hoja de guarda al principio y otra por el final, ambas cubiertas de algunas notas por los escribas.

Sin hacer una clasificación de los manuscritos se ve claramente en sus variantes que constituyen dos familias —*MN* de un lado, *LO* al otro— y que estas dos familias son bastante distintas. No deja de llamar la atención el que los MSS *M* y *N* acompañen el texto del

Libro de los buenos proverbios. Sin embargo, no se puede asegurar que el MS *N* sea una copia del *M,* porque varían bastante. También tiene aquél a veces palabras y frases que debemos preferir. Lo más probable es que sea copia de un texto perdido semejante a *M.* Sería difícil establecer alguna relación exacta entre los manuscritos *L* y *O,* porque siendo éste una copia algo inexacta, con omisiones y resúmenes, con decir que los dos se oponen al grupo *MN* y que tienen muchas semejanzas entre sí, ya se habrá indicado lo esencial del caso.

Esta edición no es crítica. Se ha tratado de presentar fielmente el texto del MS *M,* haciendo correcciones sólo en los casos donde parece indudable que hay errores y poniendo los títulos donde se han omitido. No se ha tratado de restablecer el texto de la primitiva traducción al español. Las variantes que puedan tener interés van al pie de la página, donde también se indican los cambios hechos en el texto del MS *M.*

Para facilitar la lectura de la obra, se han separado ciertas palabras que van unidas en el manuscrito. Se ha mantenido la unión en los casos donde la forma unida refleja algún valor fonético, por ejemplo, *assy (a sí)* en vez de *a ssy.*

Como el manuscrito *M* varía en la representación de la l palatal, se ha puesto uniformemente ll. Se ha conservado también la forma nn para indicar la n palatal, y se la trata como ll y rr al hacer la división en sílabas. La grafía ij *(puijaron)* se ha conservado; creemos que debe considerarse como dos jotas. Los pocos casos de ss inicial se conservan. La rr inicial se pone como r sencilla. En el caso de consonante nasal abreviada ante labial, se ha dado preferencia a la *n* en la transcripción, aunque la m también se encuentra escrita en tal posición. No se usa indicación especial en el caso del apócope del pronombre reflexivo enclítico, por ejemplo, *alegras = alegrase.*

Donde no se ha podido leer el texto del manuscrito *M* a causa del estado del pergamino, se han indicado las partes ilegibles con puntos suspensivos en vez de suplir frases de los manuscritos *L* y *N.* No parece muy exacta la correspondencia de los textos en este punto.

Ya que en el texto sobreabundan las enumeraciones, he creído preferible puntuar tales frases lo menos posible para evitar un exceso de comas que pudieran confundir al lector.

El Apéndice I consta de aquella parte del texto del MS *O* donde hace el copista un resumen parcial de la *Poridat de las poridades.* Ya que no tiene interés lingüístico para esta edición, no se han conservado las indicaciones usuales de las abreviaturas.

El Apéndice II contiene el texto catalán de la parte del *Libre de la saviesa* que traduce la *Poridat de las poridades*. Las varias ediciones que se han hecho de esta obra catalana se han basado en el MS 921 de la Biblioteca Nacional de Madrid [22]. Puesto que se encuentran en el MS M. I. 29 de la Biblioteca de El Escorial partes de la traducción de esta obra seudo aristotélica no incluídas en el de Madrid, se ha creído que sería de interés publicar la traducción catalana para compararla con la forma castellana. Para este propósito se han transcrito las partes de los dos manuscritos sin hacer cambios; sólo en unos pocos casos, por faltar un signo de abreviatura, se han suplido unas vocales para evitar una combinación de consonantes inusitada.

Me es muy grato reconocer aquí la ayuda financiera que me fué concedida por la Universidad de Wisconsin en forma de una beca, Albert F. Markham Traveling Fellowship, para unos estudios sobre el tema del *Secretum secretorum*. Igualmente doy las gracias a don Pedro Bohigas por el cotejo de los textos catalanes que se hizo en el Institut d'Estudis Catalans.

Lloyd Kasten.

---

[22] Véase *Libre de saviesa del rey don Jaime I* (Barcelona, 1946).

Loado sea a Dios, el Sennor de todo el mundo. El Miramomelín M, 1 a
mando a mi su sieruo que buscasse el libro de manera de hordenar el
regno quel dizen P o r i d a t d e l a s p o r i d a d e s, el que fizo el
philosopho leal Aristotiles, fijo de Nicomaco, a su discipulo Alixan-
5 dre, fiio del rey Phelipo, el rey mayor, el hondrado Dulcarnayn.

Quando enuegecio, enflaquecio et non pudo yr con el en hueste
nin fazer le seruicio, *et* Alixandre fizieral su alguazil mayor et fiaua
mucho por el, por que era de bon seso et de buen entendimiento, por
que non auie par en sus bondades nin en so saber de las sciencias de
10 Dios; et era humildoso, temia a Dios, *et* amaua iustiçia *et* uerdad. Et
por esto metieron le muchos de los sabios en cuenta de las *prophe-* M, 1 b
tas que *p*rophetizaron sin libro; et fallado fue en el libro de las eras
de los gentiles que Dios le dixo: "Mas çerca eres de auer nonbre de
angel que de om*n*e"; *et* fizo muchas sçiençias que serien luengas de
15 contar. Et algunos dizen que murio su muerte natural *et* que su se-
pulcro es sabido, et otros dixieron que subiera al çielo.

1 *Título en N:* Aqui comiença el libro delos ensennamientos y castigos que
Aristotiles enbio a Alixandre, el qual es llamado P o r i d a d d e l a s p o r i d a -
d e s ‖ Loado ... 3 poridades *om.* L ‖ sea + el nonbre de O ‖ a *om.* NO ‖ el *1.º*]e
O ‖ El Mir.]sennor yo Aristotiles O ‖ Mirabolin N. 2 a ... sie.]el mio sennor
O ‖ de ... *3* Poridat *om.* N ‖ de *1.º* + la O. 3 quel]que O ‖ el que]este libro L. 4 leal]de *M* ‖ Aristotil *LN* ‖ de]del *M* ‖ de N.]dico mago O ‖ Nicoma
M Nicomacho L ‖ a]el O ‖ Alexandre L. 5 del]de *LO* ‖ rey *om. LO* ‖ Philippo L Filipo N ‖ rey *2.º om. LN* ‖ hon. + el nombrado *LO* ‖ Dulcarman N
Decarnay *M*, *om.* O. 6 enuegecio + e *LN* ‖ et]que O ‖ yr *post* el O. 7 et
om. LN ‖ fiz. + el O. 8 por el]del N ‖ era +mucho L ‖ de *2.º* ... 9 saber
om. O ‖ por *om.* N ‖ por que]e L. 9 de *1.º*]a O. 10 hum. + e *LNO* ‖
et *3.º* + la O. 11 le]los O ‖ de los *om. M* ‖ las]los + sabios O ‖ prophe-
tas]profeçias N, + por O. 12 que + non *LO* ‖ sin]por *LO*, con su N ‖
libro *1.º*]los libros O ‖ fall ... libro *om.* O. 13 Dios ... de *2.º*]dizen que Maçipa
tres que mas deue *M* ‖ les O ‖ eres L ‖ de angel]daniel L. 14 de *1.º om.*
M ‖ lue.]mucho O. 15 cuentar L, + e luengas de razonar O ‖ Et + este O ‖
dixieron *LO* ‖ su *1.º om.* N ‖ nat. *om. M* ‖ et *om.* O, + algunos dizen *M*.
16 sabudo L ‖ subio N.

De los grandes fechos.

Por su buen seso et por su buen conseio fizo Alixandre los grandes fechos que fizo de ganar las tierras *et* los regnos, et auer sennorio sobre todos los reyes, *et* fazer su mandado por todo el mundo et todo ...... mandado ......totiles et con so ...... el ...... qual es sa......uiel
M, 1 c mu...... muchas ma-⊥neras que los om*n*es desseauan entender, *et* con ellas cunplio todas sus uoluntades. En las cartas quel enbio fue una carta en la qual contradixo el consseio que auia preso quando gano la tierra de Persia et ouo en poder los ricos om*n*es todos dessa tierra.

Enbio Alixandre a Aristotiles dezir asi: "Maestro bono, alguazil leal *et* uerdadero, fago uos saber que falle en Persia om*n*es bonos *et* sesudos *et* de entendimientos agudos, *et* que auien sennorio sobre los pueblos *et* eran desobedientes a los reyes, *et* esta es cosa que empeesce mucho al regno; *et* quiero los todos matar, *et* quiero u*u*estro conseio."

Respondio Aristotiles a Alixandre *et* dixo asi: "Alixandre, si sodes poderoso de matar los todos, non sodes poderoso de matar su tie-
M, 1 d rra nin de ca-⊥miar su ayre nin sus aguas; mas auet los con bien fazer, *et* amar uos an de coraçon, que el u*u*estro bien fecho uos dara mas su amor que non u*u*estra brauatza; et sepades que los non abredes a u*u*estro mandado si non con uerdat y por bien fazer. Et guardat uos de los pueblos que non digan escontra uos et estorceredes de so fecho,

1 De ... fechos *post* cons. **M,** *om.* O. 2 por 2.° + el O ‖ Alexandre *L*]en *N.* 3 de]por **M.** 4 los *om.* O ‖ reyes]regnos *LO* ‖ su *om.* *N* ‖ et ... 6 maneras]et todo esto fizo con ma*n*na de Aristotil e con so ordenamiento e nunqual paso de so mandado e enbiol muchas cartas de buenas naturas *L,* el que nunca le salio de mandado enbio le muchas cartas de muchas maneras *N,* e todo esto fizo por mando de Aristoteles e con el su mandamiento e con el su ordenamiento nunca le paso del su mandado. Enbiole muchas cartas de muchas maneras O. 6 man. + buenas *NO* ‖ dess.]non podian *O*, + de *L*. 7 toda *LN, om.* *O* ‖ su uoluntad e *LNO.* 8 la qual]quel *LN* ‖ condixo *N*. 9 la tie. de]a *O* ‖ Presia *O* ‖ tod. *ante* los *N, om. LO* ‖ dessa]de su *LO*. 10 Enbiole *O* ‖ Alexandre *L* ‖ a *om.* O ‖ Aristotil *LNO*, + a *NO* ‖ asi]a su *LO* ‖ bueno + y *NO* ‖ aguazil *L*. 11 en]de **M** ‖ Per. + unos *O* ‖ bonos et *om. LNO*. 12 de + grandes *O* ‖ entendimiento *L*. 13 esta ... que]estas cosas *L* ‖ empeeçen *L*. 14 a los regnos *L* ‖ matar todos *O* ‖ quiero 2.° + ueher *L,* + auer *NO*. 16 Aristotil *LN* ‖ Alexandre *L,* ‖ et ... Al. *om. LNO*. 17 todos]onbres *O* ‖ su]la su *passim O*. 18 ayre]tierra **M**, auer *L,* agua *N* ‖ aguas]ayres *N* ‖ mas]e *O* ‖ los]lo *N* ‖ con]de *O* ‖ bien]buen *O* ‖ fazer]fecho *N*. 19 que]ca *LO* ‖ uues. *om. LNO* ‖ bien]buen **M** ‖ fecho]fazer *O*. 20 so *L* ‖ non *om. LO* ‖ los *om. N* ‖ los]lo *post* non *O*. 21 con]por *LO* ‖ et]o *L*. 22 esc ... et]que *O*, *om. LN* ‖ fecho]derecho *O*, + E Alixandre *O*.

30

que los pueblos, quando pueden dezir, an poder de fazer; pues guardat os que non digan contra uos *et* estorçeredes de sus fechos."

Quando llego la carta a Alixandre, fizo comol el mando, *et* fueron los de Persia mejor mandados que ningunas de las otras gentes.

5 Dixo el que traslado este libro, Yahye abn Aluitac: "Non dexe templo de todos los tenplos o condesaron los philosophos sos li-⊥-bros M, 2 *a* de las poridades que non buscasse, nin om*n*e de horden que yo sopiesse que me conseiasse de lo que demandaua a quien non preguntasse fasque uin a un templo quel dizen Abdexenit que fizo Homero el Ma-
10 yor pora si, *et* demande a un hermitanno sabio *et* roguel *et* pedil merçed fasta que me mostro todos los libros del templo; *et* entrellos falle un libro que mando Almiramomelin buscar, escripto todo con letras doro, *et* torneme pora el muy pagado, *et* començe con ayuda de Dios *et* con uentura de Miramomelin a trasladarlo de lenguage de gentiles
15 en latin *et* de latin en arauigo. *Et* la primera cosa que y era escripta era nota de respuesta de Aristotiles al rey Alixandre, et dizie asi: 'Vos, fijo hondrado *et* entendudo *et* rey iusticiero: Ui u*u*est*r*a carta M. 2 *b* en que me mostrauades el pesar que auiedes *et* el cuydado por que yo non uos podia aguardar nin andar conuusco nin seer en u*u*est*r*os
20 conseios. Et rogastes me que uos fiziesse libro que uos guiasse en u*u*est*r*os fechos asi commo yo por mi uos guiaria; empero uos sabedes que yo non dexe de andar conuusco por enoio, mas dexelo por que so ya uieio *et* flaco, *et* lo que me demandastes es tal cosa que la

---

1 que ... 2 fechos *om. N* ‖ el pueblo *LO* ‖ quanto *O* ‖ puede *LO* ‖ an p. de] puede *LO*. 2 con. ... et]que *O, om. L* ‖ su fecho *L*. 3 lego *M* ‖ a]et *M, om. O* ‖ fizo + assi *LO* ‖ como *L* ‖ el man.]fue mandado *O*. 4 mej.]mayor *M* ‖ ningunos *N* ‖ de *om. O* ‖ las *om. MO*. 5 Yahe Abamal Peçih *L*, Yahie ab Alpatri *N*, Jachiel Abu el Netrio *O* ‖ non dexe]condese *N*. 6 templa *M* ‖ o]e *N* ‖ philosophes *M*. 7 de las]e de sus *L*, de sus *O* ‖ busque *O* ‖ nin]e *L* ‖ hor. + de los que cuydauan *LO* ‖ yo *om. L* ‖ yo ... cons.]que me puediesen consejar *O* ‖ sopiessen *L*. 8 que 1.° ... cons.]conseiar *L* ‖ me]era *N* ‖ demandauan *L* ‖ quien]qui *L* ‖ pregunte *O* preguntas *L*. 9 fasta que *LN* ‖ uin]aui *L*, llegue *O* ‖ un]ueer *L* ‖ tiempo *L* ‖ quel]que *O* ‖ dizien *L* ‖ Abdesamach *L*, Abdeyenie *N*, Abdexanis *O* ‖ Hom.]Omo *N*, vno que era *O* ‖ Mayor] Grand *L*, qual fizo *N*. 10 pidil *L*. 11 mos.]demonstro *L* ‖ et ... *12* todo *om. O*. 12 un]el *L* ‖ que + me *L* ‖ Alm.]el Miramamolin *N* ‖ buschar Meramemelin *L* ‖ todo *post 13* doro *L*. 13 por *L* ‖ com.]con merce e *L* ‖ con + el *N*. 14 uen ... Mir.]la su merçed *O* ‖ Miramamolin *N* ‖ a tras.]translatelo *L* ‖ gen.]griego *O*. 15 que ... esc. *om. O* ‖ esc. *post 16* era *L*, + la *L*. 16 de *1*.° + la *L* ‖ Aristotili *M*, Aristotil *LO* ‖ al rey]a *L, om. O* ‖ Alexandre *L* ‖ et d. asi]Alexandre *L, om. O* ‖ dize *N*. 17 rey *om. N*. 18 en + la *LO* ‖ me mos.] demandastes e mostrastes el pensar *O* ‖ mos.]demonstrastes *L* ‖ et]en *O*. 19 uos *post* aguardar *LO* ‖ puedo *O* ‖ nin + a *L* ‖ uostros *L*. 20 cons.]fechos *N*. 21 asi *om. LNO* ‖ yo *post* uos *1*.° *LNO* ‖ emp.]et pero *M*, ... 23 flaco *om. O*. 23 ya *ante* 22 por *2*.° *L* ‖ que *3*.°]ca *O* ‖ la *om. L*.

31

M, 2 c non caben los cuerpos biuos, mayor mientre los pargaminos que son cosa muerta; mas por el debdo que yo he conuusco de conplir u*ues*tra uoluntat, *et* conuiene uos que non querades que uos yo descubra mas desta poridat de lo que yo dixe en este libro, que atanto he dicho que fio por Dios et por u*ues*tro entendimiento que lo entendredes ayna.

Pues pensat en sus palabras encerradas con la manera que sabedes de mi *et* entender lo edes ligera miente, pero non çerre tanto sus poridades si non por miedo que non caya my libro en manos de om*n*es de mal sen *et* desmesurados, que sepan de lo que non merescen nin quiso Dios que lo entendiessen, que yo faria grant traycion en descobrir poridat que Dios me mostro. Onde conjuro a uos, rey, como conjuraron a mi, que lo tengades en poridad, ca el que descubre su poridad non es seguro que mal danno nol en uenga. Et por ende uos fago yo ymiente lo que uos yo solia dezir e uos auiedes ende grant sabor; e todo rey del mundo non puede escusar esfuerço de los coraçones de los om*n*es con que prende esfuerço *et* non puede fazer nenguna cosa acabada menos desto.

M, 2 d En este mio libro a .viii. tractados: el primero tractado es en maneras de parte de los reyes. El segundo es del estado del rey *et* en su manera *et* commo deue fazer en si mismo *et* en su auer *et* en sus ordenam*ien*tos. El tercero es de la manera de las iusticias. El quarto es de los aguaziles *et* de los escriuanos *et* de los adelantados *et* de los caualleros *et* de man*er*a de armallos. El quinto es de los mandaderos del rey. El sesto es del ordenam*ien*to de sos combatedores. El septimo es del ordenam*ien*to de las batallas. El ochauo es de los sa-

---

1 cabe *L,* cabrian *O,* + en *LO* ‖ los *2.º om. LO* ‖ pargamino *LO* ‖ son]es *LO.* 2 yo *om. L* ‖ conu. he *LNO.* 3 non]quando *L* ‖ queredes *L* ‖ uos *2.º om. O* ‖ yo uos *L* ‖ descrubra *L.* 4 dixi *L,* dixere *N* ‖ at.]tanto *L,* aqui *N.* 5 entenderes *O* ‖ ayna *om. LO.* 6 sus]estas *L* ‖ con]por *L.* 7 et]en *O* ‖ lo]le *L* ‖ çerre]encerre *L.* 8 non *2.º*]auie que *L* ‖ caya]cadera *L.,* cayese *O* ‖ mio *L* ‖ de omnes]duembres *L* ‖ onbre *O.* 9 sen]son *NO* ‖ desm.]de sinesurados *N* ‖ merescen]me rrieten *M.* 10 yo *om. O* ‖ descrobrir *L.* 11 mos.]demonstro *L,* demostro *O* ‖ conjuro a uos]ouieron *L* ‖ como con.]con juramento *O.* 12 lo]gelo *L* ‖ descrube *L* ‖ su]so *L.* 13 mal + o *NO* ‖ nol]que non *O* ‖ en *om. N.* 14 yo *1.º om. L* ‖ yemiente *L,* en miente *N* ‖ yo uos *LO* ‖ auriedes *O* ‖ ende + moy *L.* 15 e]que *NO* ‖ e ... rey]que tod arca *L* ‖ mun.]monde *L* ‖ esf. de los]se con sus *L,* de *O* ‖ de los]de *N.* 16 de los]de *LO* ‖ prenda *L* ‖ pueda *O,* + el *LO.* 17 aca. + a *N* ‖ desto]destos omnes *L.* 18 En]E *O* ‖ En este mi libro a viii *con tinta roja it. con tinta negra* **M** En este ... *pág. 33, línea 2* fisica *om. L* ‖ a]es *N* ‖ viii]vi *O* ‖ el pri. ... *pág. 33, línea 2* fisica *om. O* ‖ tractamiento *N* ‖ en *om. N.* 19 partes *N* ‖ et *om. N.* 20 deue]ha de *N.* 23 caualeros *M.* 24 conbatidores *N.* 25 las]sus *N.*

beres ascondidos *et* de propriedades de piedras *et* de las plantas *et* de
las animalias *et* de poridades estrannas de fisica.

Los reyes son de quatro maneras: El uno es franco pora si *et*   M, 3 *a*
pora su pueblo. El otro es tanto escasso pora si e pora su pueblo. El
5 otro es escaso pora si *et* franco pora su pueblo. El otro es franco pora
si *et* escasso pora so pueblo. E dixieron los de Yndia que el que es
escaso pora si *et* pora su pueblo faze derecho. E dixieron los de Persia contra ellos que el que es franquo por assi e por a su pueblo
que aquel faze derecho. E todos dixieron que el que es franco pora
10 si *et* escaso pora su pueblo es destruymiento de todo el regno, *et* otro
tal el que es escaso pora si *et* franco pora su pueblo pero ya quanto es
meior. *Et* pues que a nos conuiene departir estas cosas queremos mostrar que es la franqueza *et* que es la escaseza, *et* que es lo que es ademas de franqueza *et* que es lo de menos.

15 Ya dixieron los sabios que los cabos de todas las cosas son malos
et los medios son buenos. Et dixieron que guardar *et* aguysar franqueza es cosa muy graue *et* aguysar la escaseza es cosa muy refez. E de-   M, 3 *b*
rechamiente franqueza es de dar om*n*e lo quel conuiene a aquel que
lo a mester et al qui lo merece, *et* el qui passa desto sale de la regla
20 de franqueza *et* entra en regla de gastador. Pero el qui lo da al qui lo
a mester non es mal, *et* el qui lo non da con sazon es tal commo qui
uierte el agua en la mar, *et* el qui lo da al qui lo non a mester es atal
commo el que guarneçe su enemigo contra si. Pues todo rey que lo da a
qui lo a mester a la ora que lo a mester *et* al qui lo mereçe, aquel es el rey

---

1 de *1.º* + las *N* ‖ de *2.º* + las *N* ‖ planetas *N*. 2 fisica + *título* Capitulo de las maneras de los reyes y de sus maneras que han de aber *N*, En el primero tractado es en maneras de partes de los reyes. En la primera razon fabla dellos de quantas maneras son los reyes *O*. 3 Los reyes]sennores *L* ‖ uno + que *L*. 4 El *1.º* ... pue. *om. M*. 5 otro *2.º*]quarto *L* ‖ es + escaso por asi y *L*. 6 Yndia]Judea *N* ‖ que *2.º om. M* ‖ es *om. L*. 7 pora *2.º*]a *L* ‖ pue. + que aquel *M* ‖ E dix ... 9 derecho *om. MN*. 10 si]el *O* ‖ esc. *om. O* ‖ pue. + que *LO* ‖ de todo el]del *LO* ‖ regno]pueblo *L*. 11 tal + es *LO* ‖ que es *om. L* ‖ pero ... qua. *om. O*. 12 nos]uos *LN* ‖ que ... cosas *om. O* ‖ conu. + de *L*, a *N* ‖ quer. + vos *N*, departir e a *L* ‖ monstrar *L*. 13 la *1.º om. L* ‖ la fra.]el franco *O* ‖ la *2.º om. LO* ‖ ademas]mas *O*. 14 de *1.º*]que *LN* ‖ que + lo, *punteado indicando supresión M* ‖ menos + de franqueza *O*. 15 dix. + todos *LO*. 16 los *om. O* ‖ guar.]aguuirdar *L* ‖ fran. + que *O*. 17 es *1.º*]e *L* ‖ cosa *post* graue *N* ‖ grieue *L* ‖ muy *om. O* ‖ derecha mientre *L*. 18 de *om. LO* ‖ dar + a *L* ‖ quel]que *O* ‖ a aquel]al *O*. 19 al qui]a quien *O* ‖ et *2.º* + segunt del poder del qui da *LO* ‖ desto]esto *L*, a esto *N*, + e *L* ‖ salle *LNO* ‖ la *om. LNO* ‖ regla + e *LO*. 20 lo *1.º om. O* ‖ al]a *L* ‖ lo *2.º* + non *O*. 21 et *om. L* ‖ lo *om. LO* ‖ da non *N* ‖ non da con]da fuera de *O* ‖ atal *O* ‖ qui]el que *LNO*. 22 el *om. O* ‖ aguar *L* ‖ el ... es *om. O* ‖ al ... non]lo que el *L* ‖ atal]tal *LN*. 23 guar. + a *N*]agraueçe al *O* ‖ rey]omne *L* ‖ lo *om. LO* ‖ a qui]al qui *LN*. 24 a mes.]meresçe *O* ‖ a la]en la *LO* ‖ et ... mer. *om. O* ‖ el *om. NO* ‖ el rey *om. L*.

franco pora si *et* pora so pueblo, *et* aquel faze buen fecho, *et* aquel pusieron los antiguos no*n*bre franco; *et* el que da los dones al qui no los mereçe aquel es el gastador *et* el dannador del regno. *Et* la escaseza es no*n*bre que non conuiene a rey; *et* si algun rey por uentura a de ser escaso conuiene que meta lo que deue dar en ¹ mano de om*n*e fiel *et* franco, *et* que lo sepa partir *et* dar.

Alexandre, yo uos digo que todo rey que passa su poder en dar *et* demanda de so pueblo mas que non puede sofrir mata a sy *et* a so pueblo. *Et* digo uos —siempre uolo dix— que la franqueza *et* el duramiento de los reyes es en escusar de tomar aueres de los pueblos; *et* esto dixo el grant Omero en uno de sos castigos que el bien co*n*plido pora rey, *et* el seso natural, *et* el co*n*plimiento de su regno, *et* duramiento de su ley es escusar de tomar aueres de sus yentes.

Alexandre, non mato al rey en Egio si non que su uoluntad era mas de dar que su renta, por que ouo mester de tomar aueres de sos om*n*es, *et* por esso leuantaronse sobrel los pueblos *et* fue destroydo so regno. ¹ *Et* de la franqueza es dexar om*n*e que por las tachas encubiertas que son en los om*n*es que non demande nyn las quiera saber, *et* que non retrayga lo que da; *et* que non pare mientes al yerro del torpe.

Alexandre, ya uos dixe muchas uezes, *et* agora uos quiero dezir una buena razon. Sepades que el seso es cabeça de todo ordenam*ie*nto

---

1 franco rey *O* ‖ aquel]el que *O*. 2 los ant. *post* nonbre *O* ‖ el que]quien *O* ‖ los dones]lo demas *O* ‖ al qui]a quien *O* ‖ al ... mer.]a los que lo non meresçen *N* ‖ los]lo *O*. 3 el *1.º* y *2.º om. O* ‖ donador *N* ‖ regno]su pueblo *O* ‖ la]el *L* ‖ es]el *M*. 4 nonbre]cosa *O* ‖ a]al *LO* ‖ por uen.]por natura *post* a *O* ‖ uen.]auentura *L*, natura *N*. 5 conuienel *L* ‖ que *1.º* + lo *L* ‖ lo que]o lo *L* ‖ deue]ha de *O* ‖ mano]poder *LO*. 6 franco + e verdadero e sin cobdiçia *O* ‖ par.]departir *N* ‖ dar e partir *O* + E Alixandre, non metades vuestro poder e la vuestra poridad en onbre vil *O* ‖ dar + *título:* Capitulo de como los reyes non deuen tomar ademas averes de sus pueblos *N*. 7 todo rey que *om. N* ‖ passa en dar su poder a otro *O* ‖ su ... 8 demanda *om. L* ‖ en dar *om. N*. 8 demada *M*, demuda *O* ‖ de]al *O* ‖ pueblo + dale *O*. 9 digo ... sie.]assi *L* ‖ uos + y *N*, que *O* ‖ dixi *L* ‖ et el]es *O*. 10 reyes + e *O* ‖ en]a *O*, *om. L* ‖ de *1.º* ... los]los aueres de tornar de sus *L* ‖ tomar + los *O* ‖ del su pueblo *O*. 11 dixo]digo que *O* ‖ Om.]o el mejor *O* ‖ sos]los *L*, *om. O* ‖ castigamientos *L* ‖ que ... conplido]e enxienplos conplidos, esto es *O*. 12 el *2.º om. L*. 13 et + es *O* ‖ sus leyes *L* ‖ ley + E Alixandre *O* ‖ es + de *O*, *om. LM* ‖ escusarse *N* ‖ tomar]demonstrar *L*. 14 en Egio]Ançrich *L*, Enegno *N*, en Egipto *O* ‖ que *om. O* ‖ era mas *post* dar *L*. 15 mas *post* dar *O* ‖ renta]reyno *N*, + era *O* ‖ mester *om. O* ‖ de *2.º om. L*, ‖ sos]los *LO*. 16 esso]esto *L* ‖ sobrel *om. O* ‖ fueron estruyr el *O*. 17 franq.]riqueza *L* ‖ dexar omne *om. LO* ‖ por que *O* ‖ tachas]cosas *MN*. 18 demandan *L*, demanden *O*, + rey *O* ‖ las]lo *O* ‖ quieran *LO*. 19 et que ... da *om. M*]e non retraher lo que dan *L* ‖ que *1.º om. O* ‖ non *1.º om. N* ‖ que *2.º om. LO* ‖ al]a *L*. 20 de torpes *L* ‖ del + onbre *O*. 21 Alexandre *M* ‖ ya ... uezes]muchas vezes vos he dicho *N* ‖ dixi + yo *L*. 22 razon + e que *L* ‖ todo + el *N*.

et endereçamiento del alma *et* espeio de las tachas; *et* con el seso desp*re*cia om*n*e los pesares *et* ondra las cosas amadas, *et* es cabeça de las cosas loadas *et* rayz de las bondades.

La primera manera del seso es querer om*n*e buen prez, *et* que lo
5 demanda por su derecho es cosa loada; *et* el qui lo demanda mas que por mesura es cosa denostada; *et* el nonbre es la cosa demandada *et* el regno non es cosa que deua om*n*e querer si non por el no*n*bre.

Onde el primer grado de seso es no*n*bradia, *et* por el regnar uiene M, 4 *a*
om*n*e a amor de la no*n*bradia, *et* si la demandar om*n*e sin so derecho,
10 uiene por ella enbidia, *et* por la enuidia uiene la mentira, *et* la mentira es rayz de las maldades; *et* por la mentira uiene la mestura, *et* por la mestura uiene la mal querencia, *et* por la mal querencia uiene el tuerto, *et* por el tuerto uiene el departimiento, *et* por el departimiento uiene odio, *et* del odio uiene la baraija, *et* de la baraia uiene
15 enemiztad, *et* de la enemiztad uiene lit; *et* la lit es contraria al iuyzio, *et* desfaze el pueblo *et* uençe la natura, *et* la contraria de la natura es danno de todas las cosas del mundo. *Et* quando demandare el seso el regnado por su derecho, uiene ende la uerdad, *et* de la uerdad uie⊥ne temor de Dios, *et* la uerdad es rayz de todas las cosas loadas; M, 4 *b*
20 *et* por temor de Dios uiene iusticia, *et* por la iusticia uiene co*n*pannia, *et* de la co*n*pannia uiene franqueza, *et* de la franqueza uiene solaz, *et* del solaz uiene amiztad, *et* de la amiztad uiene defendimiento, *et* por esto firmasse el iuyzio *et* la ley *et* pueblas el mundo; *et* esto es conuenient a la natura pues pareçe que demandar el regno commo
25 deue es cosa loada *et* p*er*durable.

Alexandre, guardat uos de co*n*plir u*ues*tras uoluntades, ca ma-

1 enderecamiento *M* ‖ esp.]despecho *L*. 2 ondra]ordena *N*, + omne *L* ‖ et 2.º ... 3 bon. *om*. *M*. 3 rayo *N* ‖ bon. + en *L*. 4 es *ante* del *N* ‖ querer]que quiere *L*, + de *O*. 5 demada *M*, demandan *L*, demande *N*. 6 por + su *L* ‖ la *om*. *NO*. 7 omne deua *LO*. 8 et ... 9 nonb. *om*. *MN*. 9 nonb.]cosa nonbrada *O* ‖ omne a *om*. *O*. 10 et 2.º + por *O*. 11 es]viene *O* ‖ las *om*. *O* ‖ uienne *M* ‖ la *om*. *LO* ‖ mest.]desmesura *O*. 12 mest.]desmesura *O* ‖ la *1.º om*. *LNO* ‖ por ... quer. *om*. *L*. 13 por *1.º* ... depart. *2.º*]perdimiento *O* ‖ depart. *1.º* y *2.º*]despreciamiento *L*. 14 del]de *O* ‖ la *1.º om*. *LNO*. 15 de ... uiene *om*. *O* ‖ contral *L*, contra *N*. 16 el pue.]al poblado *O* ‖ nat. *1.º*]ventura *O* ‖ et *3.º*]a *O* ‖ contralla *O* ‖ nat. *2.º* + e *O*. 17 las *om*. *O* ‖ quado *M* ‖ el seso *om*. *O*. 18 derechol *L* ‖ uiene]vençe por *N*. 19 uiene + el *LO* ‖ et + del temor uiene *L* ‖ et ... loa. *om*. *O* ‖ uer. + e *L*. 20 por + el *O* ‖ la *om*. *L*. 21 de *1.º*]por *O* ‖ fraqueza *1.º M*. 22 del]de *N* ‖ de ... uie. *om*. *O*. 23 se firma *L*, se afirma *O* ‖ et *1.º*]de *L* ‖ puebla *L*. 24 es con.]conuiene *L* ‖ que ... regno *om*. *L* ‖ dem. + el onbre *N*. 25 per.]durable *LNO*, e laudada *O*. 26 uos de con. *om*. *L* ‖ vuestra voluntad *O* ‖ mat. ... que *om*. *L*.

tar uos an; que por conplir omne todas sus uoluntades uiene omne en natura bestial que es cobdiciosa, sin razon, *et* gozas el cuerpo ques corronpe *et* pierdes el seso que non a de auer fin.

M, 4 c *El tractado segundo es en estado del rey commo | deue ser en si.*

Conuiene al rey que aya un nonbre sennalado que non conuenga si no a el.

Alexandre, todo rey que faze so regno obediente a la ley merece regnar; *et* el que faze desobediente el regno a la ley, aquel desama la ley, *et* qui desama la ley, la ley lo mata. Yo uos digo lo que dixieron los philosofos que la primera cosa que conuiene a todo rey es guardar todos los mandamientos de su ley, *et* que muestre al pueblo que el tiene firme mientre su ley *et* que la uoluntad se acuerde con el fecho; que si la uoluntad del se acordare, non puede ser que Dios *et* los omnes no lo entiendan, *et* con esto sera Dios pagado *et* los omnes del. *Et* conuiene que ondre sus prinçipes, *et* sus alcaldes, *et* sus adelantados *et* sus prelados. *Et* que sea
M, 4 d muy noble de coraçon | *et* sin desden, *et* que sea de buen sen *et* de buena memoria, que sepa bien escodrinnar la uerdad en las cosas, *et* que cate quel puede uenir de cada cosa, *et* que sea piadoso; *et* si sanna le uiniere, que no la quiera demostrar por fecho menos de pensar en ello. *Et* quando le uiniere uoluntad de fazer alguna cosa, conuiene que la torne con so seso *et* que sea sennor de

1 an]a O ‖ por que N ‖ coplr M ‖ uienne M. 2 nat. + de L ‖ cobdicia LO, + de L. 3 corr. et *om.* L ‖ pierde LO ‖ que ... fin *om.* O ‖ non *om.* MN. 4 El .ɩ. si]Capitulo del nonbre del rey y de como deue ordenar sus prinçipes y su caualleria N, [A]lixandre, ya vos dixe muchas vezes en commo tomasedes en el vuestro coraçon esta razon O ‖ en]del L ‖ del *om.* L. 5 que el rey LO. 6 el + e que ame a Dios e tenga bien con su ley; e todo rey que tenga bien con su ley mas amado es de los onbres e mas temido de buena fazanna e el pueblo que ame la ley O. 7 Al.]E L, *om.* O. 8 et]ca O ‖ aqu.]equel M, e O, *om.* LN. 9 desama 1.° y 2.°]desdenna LO ‖ qui]el que L, quien NO ‖ ley 2.° + por O ‖ mata]mueve mal O, + e L ‖ digo]dixe O. 10 a todo]al O. 11 es *om.* L, + de O ‖ leyee L ‖ et ... 12 ley *om.* L. 12 fir. m.]bien O ‖ mientre *om.* N ‖ ley + e firme en ella O ‖ la uol. *om.* O. 13 que]ca O ‖ del *om.* LO ‖ acor.]desacordare O, + con el fecho L. 14 Dios et *om.* O ‖ los *om.* L. 15 pagado Dios L, se paga Dios O ‖ ondre]ordene N, honrren a O. 16 sus 1.°, 2.°, 3.°]a sus O ‖ alc.]caualeros, *las letras* cau *entre líneas* M. 17 sea + et que M ‖ que sea *om.* O ‖ sen]seso N, son O. 18 buenna M ‖ bien *om.* L. 19 et que 1.°]quel O ‖ uenir]auenir L ‖ que 2.° *om.* L. 20 si]sin O ‖ la non N ‖ qui. + luego LO ‖ dem.]monstrar L, descobrir nin en la menbrar O ‖ fecho + a L. 21 menos]auemos O ‖ vol. + alguna O ‖ fazer *om.* O, *post* 22 cosa L ‖ alguna M. 22 conuenible LO ‖ et ... *pág. 37, línea 1* del *om.* L ‖ sea]el O.

su uoluntad *et* non la uoluntad del; *et* quando se acordare en el derecho, que luego lo faga fazer *et* non sea porfioso nin desuergueçoso nin desdennoso.

Et que se uista mui bien *et* de buenos pannos de guisa que sea
5 estremado de todas las yentes otras, *et* que sea apuesto *et* de buena palabra *et* que sepa bien lo que quier dezir. *Et* que aya la uoz alta, que la uoz alta yaze en ella pro pora quando quisiere amenazar. M, 5 *a*
Et non fable mucho ny a uozes sy no quando fuere muy grant mester, *et* pocas uezes, que quando muchas uezes le oyessen los om*n*es,
10 afazer se yen a el *et* nol *p*reciarien nada. *Et* non aya grant conpanna con mugeres ni con om*n*es refezes. *Et* por esto dizen los de Yndia que quando el rey se demuestra a menudo al pueblo, atreuense a el *et* nol precian nada. *Et* conuiene que les paresca de lexos *et* con co*n*panna de caualleros *et* de om*n*es armados. *Et* quando fuere
15 su fiesta paresca una uez en el anno a tod el pueblo, *et* fable antel un om*n*e bien razonado de sos aguaziles quel gradesca a Dios la merced quel fizo en ser le todos obedientes, *et* digales que les fara mu- M, 5 *b*
cho dalgo *et* mucho de plazer si foren obedientes, *et* amenazelos sy no lo fueren, *et* meta mientes en todos sus pueblos, *et* de les
20 algo *et* perdone a los peccadores de los muchos *et* de los pocos; *et* esto sea una uez en el anno *et* non mas. *Et* quando esto oyere el pueblo, auran dello grand gozo *et* grand sabor *et* grand alegria, *et* creçer les an los coraçones *et* dezir lo an en sus casas cada uno a su compann*a*, *et* amar lo an todos, chicos *et* grandes, *et* husar se
25 an los ninnos a amarle *et* en obedeçerle, *et* loar lo an en sus pori-

---

1 uol. *2.º sigue una letra borrada* **M** ‖ se acor.]le acertaren *L*, se açercare *O*. 2 drecho *L* ‖ fazer ... 3 desd. *om.* MN ‖ et + que *O*. 4 se *om. L* ‖ mui ... de *1.º om. L* ‖ de gui.]y *N*. 5 tod ... otr.]todos los otros omnes *LO* ‖ otras gentes *N* ‖ buenna **M**. 6 bien + dezir *LO* ‖ quier]quisiere *LO*, ha de *N*. 7 ella]la *O* ‖ pora]que *L* ‖ qua. qui.]que quiere *O*. 8 Et]que *LO* ‖ fable + m **M** ‖ sy ... 9 uezes *1.º om. O* ‖ qua. + le *N* ‖ fue ... gra.]ouiere gran *L*. 9 uezes *1.º y 2.º*]uozes **M** ‖ que]ca *O*, e *L* ‖ oyessan *L*. 10 afa.]e fazer *O* ‖ a el]en ello *O* ‖ preçian *O* ‖ Et ... 13 nada *om. N*. 11 mugieres *L* ‖ rafezes *LO* ‖ esto]ende *O* ‖ India *L*. 12 que *om. O* ‖ dem.]muestra *O* ‖ al]a el, con la e borrada **M** ‖ atr.]treuense *L*. 13 ques *L* ‖ par.]demuestre una uez en el anno e *L* ‖ aparesca de luenne *O*. 14 copanna **M** ‖ caualeros **M** ‖ de *2.º*]con *L*, *om.* *O* ‖ fue. + en *LO*. 15 fie. + grande *O*, grand conuiene que *L* ‖ aparezca *O* ‖ antel]Alexandre el *L* ‖ antel un]con el *N* ‖ un *om. O*. 16 quel]que *LO* ‖ gradescan *O*. 17 et ... 18 obe. *om. N* ‖ faria *O* ‖ mucho *om. O*. 18 dalgo]algo *LO* ‖ et *2.º* ... 19 fue. *om. O* ‖ amenazar los *L*. 20 a *om. O* ‖ de los *1.º om. O*]dellos a *N*. 21 de *2.º*]a *N* ‖ oy.]uiere *L* ‖ el pue. *ante* esto *LO*. 22 avra *N* ‖ dello + muy *O* ‖ et grand gozo *post* sabor *LNO*. 23 le ha *O* ‖ cor. + con ello *LO*. 24 sus compannas *L*. 25 nin.]onbres *O* ‖ a]en *LO* ‖ en *1.º om. N*.

37

dades *et* en sos conseios. *Et* con esto sera seguro del leuantamiento de los pueblos, *et* nenguno non sera atreuido de fazer danno en todo el regno.

Et conuiene al rey que los que traen al logar o es el rey las mercaduras que les non tomen portadgos, *et* que los mande bien pagar de lo que compraren *et* de lo que uendieren. *Et* quando esto fiziere sera su uilla abondada de todas las cosas del mundo, *et* sera bien poblada, *et* creçara su renta. *Et* a las uezes por dexar om*n*e poco, gana mucho.

Et non quiera la riqueza que luego fina *et* quiera la riqueza que non fina *et* el regno que nunqua se puede perder. *Et* partid uos de maneras de las bestias brauas que toman quanto fallan, *et* buscan lo que non perdieron, *et* non an piadad sobre cosa del mundo de lo que les cae en mano. *Et* no andedes tras u*ues*tra uoluntad en comer ny en beuer ny en dormir ny en fornicio.

Alexandre, non querades fornicio seguyr, que es de natura de los puercos. ¿*Et* qual bien a en la cosa que las bestias an mayor poder que los om*n*es? *Et* demas es cosa que enueieçe el cuerpo, *et* enflaquece el coraçon, *et* mingua la uida *et* metesse om*n*e en poder de mugeres.

Alexandre, non dexedes algunas uezes en el anno, dos o tres, que coman conuusco u*ues*tros priuados *et* u*ues*tros ricos omnes *et* que ayan conuusco solaz; *et* conuiene uos que ondredes el que de ondrar es, *et* poner a cada uno en el logar que merece, *et* que les fagades cosas por que uos amen, *et* que les razonedes bien ant*e* ellos *et* enpos ellos, *et* que les dedes que uistan; *et* si les dieredes uesti-

1 sara *L*, sea *O* ‖ del]el *O*. 2 et + que *O* ‖ sea *O* ‖ atreuudo *L* ‖ todo el]su *LO*. 3 el]su *N*. 4 tra.]entran *N* ‖ al]a *LNO* ‖ es el rey]el es *LO* ‖ rey 2.º + con *N*. 5 non les *LNO* ‖ portadgo *LO* ‖ que 2.º om. *O* ‖ los]les *LNO*. 6 de lo que 2.º om. *L* ‖ fizieren *M*. 7 uilla]tierra poblada e *O*. 8 cresçara *L* ‖ renda *L*]gente *N*, tierra *O* ‖ Et]que *L* ‖ dex.] dezir *N*. 10 non om. *O* ‖ fina]fuya *O*. 11 fina]fuya *O* ‖ nunqua]non *N* ‖ puede om. *MO* ‖ pierda *O* + si esto fiziere *L* ‖ de man. om. *O*. 12 las]la *N*, om. *M*. 13 sob.]de *O*. 14 en 1.º + la *O* ‖ tras + de *N*. 15 for. + *titulo:* Capitulo de como los onbres non deuen buscar las mugeres *N*. 16 seguir for. *LNO* ‖ que]ca *LO* ‖ de 1.º om. *LO* ‖ nat.]materia *O*. 17 Et qual]Ca el *O* ‖ qual]aquel *M* ‖ a]han *O* ‖ la om. *LO* ‖ casa *MN* ‖ an + en ello *O*. 18 que ... om.]en ello *L*, om. *O* ‖ enuei.]enmagrasce *LO*. 19 et 2.º ... om.]quando se mete *O*. 20 mugieres *L*] la muger *O*. 21 dexedes + en *O* ‖ anno + o *O*. 22 pri.]perlados *O*. 23 ayan]tomen *O* ‖ sol. + E Alixandre *O* ‖ couiene *M* ‖ el]al *L*, aquel *O* ‖ de]a *L*. 24 es]fuere *L*, ante de *O* ‖ poner]pose *L* ‖ a om. *LO* ‖ el]su *O*, om. *L* ‖ les]los *L*, vos *N*. 25 ante ellos et om. *O* ‖ ellos]uos *L*. 26 enp.]por *L* ‖ ellos]uos dellos *L*, dellos *O* ‖ dierdes *LNO*.

asessegado τ que nõ tira
mucho que quãdo mucho
me nõle dubdará tãnto
los omẽs τ couiene q̃ qñ tre
fuerẽ antrel q̃ todos sea ase
ssegados τ q̃ ayan miedo
τ uerguença τ si alguno
mostrare desden quel escar
miente por ello τ si fuere
de grãt guysa sea su escar
miento en alongar de si
fasta q̃ se escarmiente de g̃sa
q̃ nõ lo faga mas τ si lo fi
ziere el desdẽ adedre alue
guel desi grãt sazõ depues
quel fiziere el escarmiento
τ si el desdeñoso fuere de
omẽs medges muera por
ello τ dize en un libro de
yndia que entre demãdar
el rey al pueblo. o el pue
blo al Rey nõ ay sino arre
uimiẽto τ desdẽ τ dize ar
calamuz q̃ el mejor delos
Reyes es el q̃ semeia cõ la
bestia braua. q̃ es cercada

de bestias muertas no el que
semeia cõ la bestia muerta
q̃ es cercada de buitres. Ale
xandre, obediencia delos os
Alexandre Rey nõ pue
de ser. menos de tres
cosas. La primera es la ley.
La seda es bien auenida. La
tercera es buẽ esperãça. La
quarta es grãt temor. Puẽ
punar en endereçar el tuer
to τ emendar todas las que
rellas delos omẽs τ nõ dede
temer al pueblo q̃ diga q̃ el
pueblo quãto puede dezir
puede fazer pues guardar
uos del dicho τ esforcarte de
del fecho τ saber q̃ el bien
parecer en el regno es en el
temor. τ dize en un libro
de yndia q̃ sea el uro miedo
en el coraçõ delos omẽs mas
temido τ mas dubdado q̃
las armas que a si es Rey.
cõmo la luna del cielo que
es uida del mũdo. τ de quatro

Biblioteca de El Escorial, MS L. III. 2, Fol. 6 r.

duras de uuestro cuerpo, tener se an por mas ondrados *et* amar uos an por ello. *Et* a los que non dieredes una uez, daldes otra fasta que los egualedes a todos.

Et conuiene al rey seer asessegado *et* que non ria mucho, que quando mucho rie non le dubdaran tanto los omnes. *Et* conuiene que quantos fueren antel que todos sean asessegados, *et* quel ayan miedo *et* uerguença, *et* si alguno mostrare desden, quel escarmienten por ello. *Et* si fuere de grant guysa, sea su escarmiento en alongarlo de si fasta que se escarmiente de guisa que non lo faga mas. *Et* si lo fiziere el desden adrede, aluenguel de si grant sazon depues quel fiziere el escarmiento. *Et* si el desdennoso fuere de omnes refeçes, muera por ello. *Et* dize en un libro de Yndia que entre demandar el rey al pueblo o el pueblo al rey non ay sino atreuimiento *et* desden; *et* dize Azcalamus que el meior de los reyes es el que semeia con la bestia braua que es çercada de bestias muertas, no el que semeia con la bestia muerta que es çercada de bueytres.

Alexandre, obediencia de los omnes al rey non puede ser menos de quatro cosas: la primera es la ley; la secunda es bien querencia; la tercera es buen esperança; la quarta est grant temor. Pues punnat en endereçar el tuerto *et* emendar todas las querellas de los omnes. *Et* non dedes carrera al pueblo que diga, que el pueblo, quando puede dezir, puede fazer; pues guardat uos del dicho *et* estorceredes del fecho. *Et* sabet que el bien pareçer en el regno es en el temor, *et* dize en un libro de Yndia que sea el uuestro miedo en el coraçon de los omnes mas temido *et* mas dubdado que las armas, que asi es

M, 6 *a*

M, 6 *b*

1 ond. + por ello *L*. 2 ello]aqui *L* ‖ dierdes *NO* ‖ dal.]darles edes *L*, darles *O*. 3 los ... todos]sean todos eguados *L* ‖ egual.]fagades yguales *N* ‖ a tod. *om*. *O*. 4 seer]que sea *O* ‖ ria]reyr *O*. 5 riere *N* ‖ dubdan *L* ‖ tan.]atanto *O*. 6 quando *N* ‖ todos *om*. *LO* ‖ asosegados + e con palabra baxa *O*. 7 des. + contral rey *L* ‖ escarmiente *NO*. 8 ello]ende *O* ‖ si + se *N* ‖ fuere, *no se puede ver la* e *final; hay una mancha en el ms. donde cabría una letra M* ‖ sea *post* escarmiento *LO* ‖ sea + el *N* ‖ su]el *O* ‖ en alo.]alongado *LO*, en alongar *M*. 9 se *om*. *NO* ‖ de gui.]fasta *L* ‖ lo non *LNO* ‖ Et si ... 11 escarmiento *om*. *O*. 10 el]al *N* ‖ desd. + y *N* ‖ adedre *M*, *om*. *L*. 11 desden *O* ‖ onbre rafez *O* ‖ rafezes *L*, raezes *N*. 12 Et dize]ca dizen que *L* ‖ Et dize ... 13 desden *om*. *O* ‖ India *L*, Judea *N*. 13 al rey]a el *L* ‖ et 2.°]que *L*. 14 Ascolamus *N*, Azelonenius *O*, Alcalamuz *L* ‖ el 1.°]al *N* ‖ de ... rey.]dellos *O* ‖ con]como *N*, a *O*. 15 cerca *L* ‖ de ... 16 çercada *om*. *N* ‖ de + las *L* ‖ muertas + e *L*. 16 con la *om*. *O* ‖ es]esta *O* ‖ de + los *L* ‖ butres *M*, buytres *O*. 17 al]Alexandre *M*, *om*. *L*. 18 quatro]tres *M* ‖ quer.]creencia *M*. 19 buen]bien *L*, buena *O* ‖ espiriencia *N* ‖ Pues ... 23 temor *om*. *O* ‖ pun. ... end.]trabajad y endersçad *N*. 20 endreçar *L* ‖ emiendar *L*]endersçad *N* ‖ todas ... omnes]todos los querellosos *L*. 21 digan *L* ‖ quanto *N*. 23 bien]buen *L*, + que *N* ‖ pareçe *N* ‖ en el]del *L* ‖ temer *L*. 24 et]que *L*, ca *O* ‖ en 1.° *om*. *L* ‖ India *LN* ‖ los coraçones *LO*. 25 tem. ... dubd.]tenudo e mas temeroso e dubdoso *O* ‖ que 2.°]ca *LO* ‖ asi ... rey]el rey asi es *O*.

el rey commo la lluuia del cielo que es uida del mundo *et* de quan-
M, 6 c tos | y biuen, *et* a las uezes uienen con ella relanpagos *et* truenos *et*
rayos *et* matan om*n*es *et* bestias; *et* por esso non dexan los om*n*es
de gradir a Dios el bien *et* la merced que les faze, *et* non les uiene
emiente de los otros dannos que les uiene por ella. 5

Alexandre, sabet toda uia fazienda de los pobres de u*u*estro regno
commo fazen, *et* fazed les algo de u*u*estro auer, que lo que da om*n*e
ante que gelo pidan faze durar el regno, *et* amanle los om*n*es por
ello, *et* fazen plazer a Dios.

Alexandre, toda uia auet mucho pan por miedo de los annos ma- 10
los, que si por peccados anno malo uiniere, auredes que dar *et* que
uender. Con esto aquedaredes todo danno de u*u*estro regno *et* de
u*u*estro pueblo.

Alexandre, meted mientes en u*u*estra fazienda toda uia, *et* sera
M, 6 d u*u*estro conseio muy bueno, *et* u*u*estro | fecho, *et* del meior ordena- 15
miento que uos podredes fazer que non ayan miedo de u*u*estro escarmiento los buenos *et* los om*n*es de paz, *et* que uos teman los malos *et* los malfechores; *et* de guisa sea u*u*estro temor en sos coraçones
que cuyden o quier que sean que auedes oios que uean todos los sus
fechos. 20

Alexandre, castigo uos que escusedes quando pudieredes matar
en u*u*estras iusticias, que asaz auedes en prision luenga o en otras
muchas penas que podedes fazer.

Alexandre, guardad uos del menor enemigo que uos auedes assy
commo si fuese el mayor del mundo, *et* non desdennedes a om*n*e de 25
poco poder, que a las uezes faze grant mal.

1 el *om. M* ‖ luvia *M*, pluuia *L* ‖ quantas *L*. 2 y *om. L* ‖ uiene *L* ‖ ella *om. LO* ‖ et *2.º* y *3.º* + con *LO*. 3 mata *MO*. 4 gradesçer *NO* ‖ el bien et *om. LO* ‖ la ... faze]rendirle graçias *O*. 5 emi.]mientes *O* ‖ que ... ella *om. O* ‖ les *om. L* ‖ uienen *L* ‖ ello *L*. 6 Alixandre *passim NO* ‖ toda via sabed *O* ‖ uia]vuestra *N* ‖ fazenda *L*. 7 algo]bien *O* ‖ que *1.º*]ca *LO*. 8 durar]dubdar *L* ‖ amanle + todos *O*. 9 faze *NO* ‖ pla.]seruiçio *O*. 11 que *1.º*]ca *O* ‖ que si]asi *L* ‖ annos malos uinieren *O* ‖ que uender *om. L*, + y *N*. 12 esto]aquesto *L* ‖ todo + mal e todo *O* ‖ de *1.º*]e durara *LO* ‖ de *2.º om. LO*. 14 meted]parad *O* ‖ fazenda *L*. 15 uues. *1.º* + pro e uuestro *L* ‖ muy *om. O* ‖ et del]el *L*. 16 podades *L*, pudieredes *O* ‖ aya *O*. 17 los *1.º* + omnes *LO* ‖ malos + omnes *LO*. 18 los *om. O*. 19 cuyden]les semeje a ellos *O*, *om. L*, + que *N* ‖ o que quier *L* ‖ sean]estuuieren *O* ‖ oijos *L* ‖ que uean]para ver *N* ‖ uehen *LO*. 21 esc. + que *post* pud. *L* ‖ esc ... 22 que]quanto pudieredes que tenpredes justiçia ca *O* ‖ quanto *N*. 22 uuestra iusticia *LN* ‖ que]ca *L* ‖ auedes en]es pena *O* ‖ lue.]uengança *M* ‖ o en]e *O*. 23 pudieredes *O*, podredes *L*. 24 uos *2.º om. O*. 25 cuemo *L* ‖ si + el *N* ‖ fuesra *L* ‖ et *om. N* ‖ et non] nin *L* ‖ a]al *O*. 26 pōco *M*.

Alexandre, guardat uos de fallir uuestra iura *et* de toller uos | de   M, 7*a*
uuestra palabra, que es despreciamiento de uuestra ley.

Alexandre, guardat uos de iurar si non en tal cosa que ayades de conplir en tod en todo si sopiessedes morir por ello.

5   Alexandre, guardat uos que nunqua uos quexedes por cosa passada, que esto es seso de mugeres, que an poco seso.

Alexandre, nunqua digades de si en las cosas que dixieredes de no, *et* nunqua digades de no en las cosas que dixieredes de si. *Et* toda uia pensat en las cosas que ouieredes de dezir o de fazer *et* de
10 guysa que non semeie aliuiamiento en uuestro dicho ny en uuestro fecho. Ny fiedes por seruicio si non por omne que ayades prouado por leal *et* por uerdadero en guardar uuestro cuerpo *et* uuestro auer. *Et* guardat | uos de las cosas ueninosas, ca muchas uezes mataron   M, 7*b* los omnes buenos con ellas. *Et* uenga uos emiente del presente que
15 uos enuio el rey de Yndia, *et* enbio uos en el una muy fremosa manceba que fue criada a ueganbre fasta ques torno de natura de las biuoras, *et* sy non fuesse por mi que lo entendi en su uista *et* de miedo que auie de los sabios desa tierra, pudiera uos matar; *et* depues fue prouado que mataua con so sudor a quantos se llegaua.

20   Alexandre: guardat uuestra alma que es noble *et* çelestial, *et* la tenedes acomendada, *et* non seades de los torpes que non se quieren guardar.

E si podieredes aguysar de non comer, nyn beuer, nin leuantar, nin ser a menos de non catar astronomia, faredes bien; *et* non pa-
25 redes mientes a los dichos de los torpes | que dizen que la sciencia   M, 7*c*

---

1 fallesçer *L* ‖ iura]palabra *L* ‖ uos *2.º om. O* ‖ uos de *2.º om. N.* 2 uue. *1.º*]la *O* ‖ ley + E *L.* 3 en]a *L* ‖ tal *om. O.* 4 de]a *O* ‖ en]de *O* ‖ tod en *om. N* ‖ si ... morir]por saber que morredes *O* ‖ sopiessades *L* ‖ morir]mouimiento *N* ‖ ello + *et L.* 5 gua. uos *om. LO* ‖ que *om. O* ‖ quessedes *L* ‖ por]de *L*, en *O* ‖ pass.]pesada *L.* 6 que *1.º*]ca *LO* ‖ seso]fecho *L*, cosa *O* ‖ mugieres *saepe L* ‖ seso + *et LO.* 7 de si *om. O* ‖ si]non *L* ‖ dixierdes *LO.* 8 no *1.º*]si *LO* ‖ nunqua ... si]en las cosas que dixierdes de non *LO,* + nunqua digades de si *L.* 9 las cosas]lo *L* ‖ *et om. LO.* 10 aliuia.]al juramento *O.* 11 Ny]et Alexandre non *LO* ‖ por *1.º*]pora en uuestro *LO* ‖ por *2.º*]en *LO* ‖ aya.]ouieredes *LO.* 12 en gua.]et guardat *MN* ‖ *et 2.º*]de *N.* 13 ueni.]engannosas *L* ‖ ca]que *N* ‖ mochas *L* ‖ uez.]cosas *N* ‖ mataron + a *L.* 15 India *passim LN* ‖ vos enbio *O* ‖ enbio]uio *L* ‖ en *om. LO* ‖ manc. *ante* muy *LO.* 16 cri.]dada *L* ‖ vedegambre *NO* ‖ nat.]materia *O.* 17 fuessa *L* ‖ mi]uno *L* ‖ lo]la *N* ‖ entendio *L* ‖ et de ... 18 tierra *om. O* ‖ de]del *L.* 18 auie]ouo *L* ‖ los]las *M* ‖ sab.]saluages *MN* ‖ desa]de la *L* ‖ *et om. L.* 19 matara *L* ‖ so *om. M* ‖ sudor + los onbres e *O* ‖ a]ya *L*, *om. O* ‖ se lleg.]mordia *LO*, se allegauan *N* ‖ legaua *M.* 23 E si ... *pág. 42, línea 2* entender *om. O* ‖ pudierde *L*, podiesedes *N.* 24 non *1.º om. LN* ‖ ast.]estremonia *LN* ‖ par.]querades parar *N.* 25 al dicho *L* ‖ que *2.º*]ca *L* ‖ scien.]sentençia *N.*

de la astronomia non pueden della saber nada los om*n*es, *et* que la cosa que a de ser que la non puede om*n*e entender. *Et* yo digo que co*n*uiene al om*n*e de saber las cosas que an de seer maguer non se pueda estorcer dellas, mas pero rogara a Dios quando lo sopiere *et* pedir le a merçed *et* guardar se a quanto pudiere, commo fazen los 5 om*n*es ante que uenga el tienpo del ynuierno de cobrir sus casas *et* de uestir, *et* de calçar, *et* de auer mucha llenna *et* de otras cosas por miedo del frio. Otrosi al tienpo del uerano aguisarse de las cosas frias e commo se guysan ante que uengan los tienpos malos de pan, otrosi guisarse ante que uenga el tienpo de la guerra de auer muchas 10
M, 7 *d* armas | *et* de bastecerse.

Alexandre, guardat u*ue*stro aguazil assy commo guardariedes u*ue*stro cuerpo, *et* metedlo en conseio de u*ue*stra fazienda en poco *et* en mucho, *et* allegalde a uos toda uia, que es cosa que uos estara bien antel pueblo *et* auredes del solaz en u*ue*stro apartamiento. *Et* parat 15 mientes commo esta el alferça cabo del rey en los trebeios del acedrex, commo esta bien quando esta delante el, *et* es enxienplo que se semeia mucho con este. *Et* non creades que nengun regno puede seer menos de buen aguazil, que es cosa que non puede seer.

El tractado terçero en manera de la iusticia. 20

Alexandre, la iusticia es manera buena *et* es de las man*e*ras de Dios, *et* a las maneras de Dios non les puede om*n*e dar cuenta. *Et* se-

---

1 ast.]estremonia *LN,* + que *N,* + es cosa que *L* ‖ saber della *N* ‖ nada *post* omnes *L*. ‖ et *om. L*. 2 que 2.º *om. L.* ‖ non la *L* ‖ omne ent.]toller *L* ‖ et + Alixandre *O* ‖ digo uos yo *O*. 3 de 1.º *om. N* ‖ cosas *om. O* ‖ an de]ay de saber e *O* ‖ maguer + que *O* ‖ se *om. L*. 4 puede *LO,* + el omne *L* ‖ della *O* ‖ pero]enpero *O* ‖ rogaria *L,* rogar *O* ‖ quando ... 5 a 1.º]con todo coraçon a pedir a Dios *O*. 5 a 2.º *om. L* ‖ pudieren *O*. 6 tienpo del *om. LO* ‖ del]de *N* ‖ yuierno *L*. 7 calças *M* ‖ lenna *LN* ‖ de *om. LO*. 8 frio]yuierno *L,* + e *L* ‖ uer.]grano *L* ‖ aguisanse *O*. 9 e *om. N* ‖ e commo]quando *L* ‖ commo ... pan]aguisanse de auer mucho pan antes que venga el tienpo malo e *O* ‖ tienpos *post* malos *L* ‖ de + auer mucho *L* ‖ pan + e *N*. 10 guis.] aguisan se *LO*. 11 de *om. O* ‖ basteçer uos bien e *L*. 12 Alex. *om. L* ‖ guar.]aguardad *L* ‖ cummo *M* ‖ guardaredes *N*]aguardaredes *L*. 13 cue.]pueblo *L* ‖ en 1.º + uuestro *L* ‖ cons. + e *L* ‖ de]en *LO* ‖ uuestras fazendas *LO*. 14 a uos ... 15 pueblo]toda via ante vos en el pueblo es cosa que vos estara muy bien *O*. 15 del]ende *O, om. L*. 16 cabo]çerca *O* ‖ del]el *LN* ‖ alxedrez *O*. 17 del. el]antel *LO* ‖ el]del *N* ‖ se *om. LO*. 18 con]commo *O* ‖ este]esto *LNO* ‖ ser + a *O*. 19 non ... seer]cunple mucho al rey e al reyno *O*. 20 El ... ter.]Capitulo *N* ‖ El ... man. *om. O* ‖ en]de la *LN* ‖ la *om. L*. 21 es 1.º + de *O*. 22 a]ya *L* ‖ man. + buenas *LO* ‖ dar omne *L* ‖ sepades + Alexandre *LO; omite las materias siguientes O*.

pades que la | contraria del tuerto es la iusticia, que con la iusticia se   M, 8 a
fizo el cielo et la tierra *et* se poblo todo el mundo. *Et* la iusticia es figura del seso, *et* con la iustiçia regnan los reyes, *et* obedeçen le los pueblos, *et* aseguran se los coraçones de los om*n*es temerosos, *et* salua to-
5 dos los coraçones de toda mal querencia *et* de toda enuidia. *Et* por esso
dixieron los yndios que mayor pro a en iusticia de rey que en buen
tienpo, que mas uale rey iusticiero por la tierra que grant lluuia. *Et* dixieron que el rey *et* la iustiçia son hermanos que non puede escusar el
uno al otro. *Et* la iusticia es un no*n*bre que quier dezir fazer derecho, *et*
10 toller el tuerto, *et* pesar derecho, *et* medir derecho, *et* un no*n*bre que
ayunta muchas | maneras buenas. *Et* la iusticia se departe en muchas   M, 8 b
partes. *Et* la iusticia conuiene seguir los alcaldes quando iudgan en
sus iuyzios, *et* iusticia conuiene seguir a om*n*e entre si *et* entre Dios.
Jo uos quiero mostrar una figura sciencial philosophia de ocho
15 partes en que mostre quanto a en el mundo *et* como podredes llegar
a lo que uos conuiene de la iusticia. Et partir la e por partimiento
redondo que ande aderredor cada partida una razon co*n*plida. Quando començaredes de qual parte quisieredes, demostrar se uos a lo que
a adelantre assy commo anda el cielo aderredor. *Et* por que son todos
20 los ordenamientos suso *et* yuso fechos por el mundo, ui por bien de
començar | en esta figura en el mundo, *et* esta figura es flor deste   M, 8 c
libro *et* la pro de u*ues*tra mandança. E si non uos ouiesse en este
libro mostrado mas desta figura, aurie y grant conplimiento. Pues
pensat en el pensamiento uerdadero, *et* con entendimiento sotil, *et* en-
25 tendredes ayna todas u*ues*tras faziendas; *et* quanto dix en este libro
luengamente *et* esplanada miente todo yaz en esta figura consumado
et abreuiado. Et esta es la figura:
El mundo es huerto; so fructo es regno; el regno es el rey; de-

2 todo *om. L*. 3 le]les *L* || los *om*. **M**. 5 esso]esto *L*. 6 ynd.]judios *N*,
om. L || a]uidieron *L* || a en]es *N* || de]del *N* || en *2.º* + el *LN*. 7 que *1.º*]e
L || pora *L* || luuia **M**, pluuia *L*. 8 que *2.º*]ca *L*. 9 non.]omne *L* || dez. + e
L. 10 pes.]pasar *N*, + el *L* || non.]omne *L*. 11 en + sus, *punteado indicando
supresión* **M**. 12 Et *om. L* || ius. + que *L* || conuienne **M**, + a *L* || seg. + a
L || iud.]vengan *N*. 13 ius. + que *L* || a]al *N* || al omne seguir *L* || entre
2.º om. L || Dios + e *LN*. 14 Jo]Yo *LN* || phi.]filosofal *N*. 15 en *1.º om.
L* || que + uos *L*. 16 e]*et* **M** || e por]en *L*. 17 cada ... 19 aderr. *om. L*.
19 aderr.]en derredor *N* || tod. *post* orden. *L*. 20 ui]oue *N*. 21 com.]connoscer
L || en *1.º om. L* || en el m.]el medio *N* || en el ... fig.]Alexandre *L*. 22
mandanca **M**, demandanza *L*, demanda *N* || oui.]emuiasse *L*. 23 most. *om. L* ||
desta]esta *L* || avre *N* || y]yo *N*. 24 el]ello *N* || entendimientos *L* || sotil et]
son que *L*. 25 ayna]luego *L*. 26 lue.]ligera mente *N* || toda **M** || consumada
e abreuiada *L*. 27 Et *om. N* || Et ... *pág. 44, línea 5* mundo *om. L*. 28 es
2.º + el *N* || regno *2.º*]rey *N* || el rey *om. N*.

43

fendelo el iuyzio; el iuyzio es el rey; engeneralo el rey; el rey es guardador; ayudalo la hueste; la hueste es ayudadores; ayudalos el auer;
M, 8 d el auer es riqueza; ayunta la el pueblo; el pueblo son sieruos; e fizo los sieruos la iusticia; la iusticia es amada, et con ella se endreça todo el mundo.

El .iiii.º tractado es de los alguaziles et de los adelantados, de que manera han de ser et de que seso.

Alexandre, entended este dicho et preciat lo mucho, ca por la uuestra gracia mucho y dix de sciencia et de philosophia, et que es el seso et commo se ayunta. Et descubri y muchas poridades celestiales que non pud escusar por mostrar uos el seso uerdadero. qual es, et commo lo puso Dios en los omnes, et commo lo pudo omne entender; et esto es cosa que auedes mucho mester.

Sepades que la primera cosa que Dios fizo fue una cosa simple spirital et mui conplida cosa, et figuro en ella todas las cosas del mundo, et pusol nonbre seso. Et del salio otra cosa non tan noble quel
M, 9 a dizen alma, et pusolos Dios con su uirtud en el cuerpo del omne; et pues el cuerpo es commo cipdad, et el seso es commo el rey de la çipdat, et el alma es como el su aguazil quel sirue et quel ordena todas sus cosas; et fizo morar el seso en el mas alto logar et en el mas noble della, et es la cabeça del omne. Et fizo morar el alma en todas las partidas del cuerpo de fuera et de dentro, et siruel et ordenal el seso. Et quando conteçe alguna cosa al seso, esfuerçal el alma et finca el cuerpo biuo fata que quiera Dios que uenga la fin.

Alexandre, entendet estas palabras et cuydat en ellas, et guiat uos por el fecho de Dios en todas uuestras cosas. Et sea uuestro agua-

---

1 el *3.º om. N.* 3 e *om. N.* 6 Título *om. MN.* 8 Alex. reanuda *O* ‖ ent. *om. M.* 9 uues. *om. O,* + amor e por la uuestra *L* ‖ gra. + de Dios *O* ‖ mucha *N,* muchas *LO,* + cosas *O* ‖ y dix]ya dexe *O* ‖ et *1.º om. LO.* 10 Et + me *LO* ‖ descubre *M,* descrubi *L,* descobri *N,* descobrit *O* ‖ y *om. O* ‖ cel. + y *N.* 11 que ... esc. *om. O.* 12 lo *1.º om. N* ‖ omnes + el seso *N* ‖ puede *LO* ‖ omne *om. N.* 13 et]que *O, om. L* ‖ esta *LO.* 14 Sep. + Alexandre *LO* ‖ sim. *om. O.* 16 pusol]lo puso Dios *O* ‖ sallio *L* ‖ non *om. O* ‖ qual *LN.* 17 dizian *O* ‖ pusolas *L,* puso *O* ‖ con]en *LO* ‖ uir.]uerdat *M.* 18 pues *om. O* ‖ es *1.º om. N* ‖ commo *2.º om. M.* 19 sierue *L* ‖ ordene *LO.* 21 della *om. O* ‖ et]que *NO* ‖ el alma]la cabeça *M.* 22 partes *LO* ‖ dientro *L* ‖ sieruel *L.* 23 cont.]acaesçe *O* ‖ cosa]occasion *LNO* ‖ seso + e *L* ‖ esfuerçel *M,* esfuerçe *LO,* esfuerçale *N.* 24 et *om. L* ‖ querra *N,* quiere *O* ‖ que *2.º*]quel *L* ‖ fin]muerte *O.* 25 ent. + en *O* ‖ gui.]guardad *O.* 26 fecho ... Et]en todos vuestros fechos *O* ‖ sea + el *N.*

zil uno, *et* metedlo en con-seio en todos u*ue*stros ordenamientos, *et*
fiad en u*ue*stros aguaziles en aquel que contra u*ue*stra uoluntad fuere, que ese es meior. *Et* por esto dixo Hermes quandol demandaron
que por que era el conseio del conseiador meior que el del que lo
5 demanda, dixo assy: "Por que es el conseio del conseiador libre de
la uoluntad." *Et* esta es palabra uerdadera. *Et* quando ouieredes u*ue*s-
tro conseio con u*ue*stro aguazil, non lo fagades luego, mas atendet
un dia *et* una noch si non fuer en cosas que ayades miedo que non
podredes recabdar si tardades; estonçe uos conuiene de fazer lo lue-
10 go. *Et* con la proua grande entendredes manera de u*ue*stro aguazil
et de la guysa que uos ama, *et* si amare u*ue*stro regno, desa guisa sera
su conseio pora uos. *Et* non tomedes conseio de om*n*e uieio
que assi como enflaqueçe el cuerpo, assy enflaqueçe el seso; *et* esto fazed
quando ouieredes conseio de om*n*e iouen. *Et* esto sigue a las nacencias
15 de los om*n*es en que signo naçen, que maguer quel quieran mostrar
otro mesteyr que nol da su nacencia, alla tira a su natura.

Enxie*n*plo desto es lo que conteçio a unos estremonianos que pas-
saron por una aldea *et* posaron en casa dun texedor. *Et* acaeçio
quel nacio un fijo de noche. *Et* tomaron su nacençia, *et* uieron en
20 ella que serie om*n*e sabio *et* de buen seso, *et* que serie aguazil del rey.
Quando esto uieron, marauillaronse *et* non lo dixieron al padre. *Et*
quando creçio el ninno, quiso el padre mostrar le su mester, *et* abo-
rreçio su natura aquel mester. *Et* el padre firiol *et* maltrexo lo *et* nu*n*-
qua pudo con el que aprisiesse aquel mester. *Et* pues que uio el pa-
25 dre que non podie con el, dexol con su natura. El moço tomo se a

2 agu. + especial mente *O* ‖ contra]contralla *L*, meresçe *O* ‖ fuere *om*. *LO*.
3 que *om*. *N* ‖ ese *om*. *LO* ‖ es + el *LN* ‖ Hermoz *M*, Ormaz *L*, Onrant *O*.
4 que *1.º om. LN* ‖ por que *om*. *O* ‖ mayor *O* ‖ que del]daquel *LO*. 5 demandaua *O* ‖ assy]el si *O*, *om*. *L*. 6 esta *om*. *LO* ‖ uues. *om*. *O*. 7 mas]e *LO* ‖
ate. + le *L*. 8 cosa *L* ‖ que *2.º*]de *O*. 9 podredes *om*. *O* ‖ tardaredes *LNO* ‖
est.]e con *L* ‖ couiene *M* ‖ lo]la *N*. 10 proua]espe ... *L* ‖ ent.]atenderedes
O, + la *N* ‖ man. de]en materia de *O*, *om*. *L*. 11 et de la]de *O* ‖ ama + a
vos *O* ‖ si *om*. *L* ‖ si am.]al *O* ‖ sea *O*. 12 pora + con *N* ‖ pora uos]quel
vos dara *O* ‖ del *L* ‖ omne + muy *LO* ‖ que]ca *LO*. 13 assy *om*. *N*. 14 cons.
+ uerdadero *LO* ‖ del *O* ‖ iouen]mançebo *O* ‖ siegue *L*, signe *M* ‖ a *om*: *L*.
15 nasçe *N*, + o en qual non *L* ‖ quel qu.]que el quiere *N* ‖ mos. + a *O*.
16 quel *O* ‖ ala *MO*, ella *N* ‖ tierra *O* ‖ nat.]materia *O*. 17 El ante exem-
plo *LNO* ‖ estremoianos *L*, estimonianos *O*. 18 vn *O* ‖ en + vna *N*. 19 de]en
essa *LO* ‖ tom.]cataron *O*. 20 que *2.º om*. *N* ‖ del]de *L* ‖ rey + e *L*. 21
esso *LO* ‖ uie.]oyeron *O*. 22 cre ... ninno]fue de diez annos *O* ‖ quiso + le
O ‖ el *2.º*]su *O* ‖ le *om*. *LO* ‖ su]el *O*. 23 nat.]materia e, + y *N* ‖ el padre
om. *LO* ‖ firio *L*, ferialo *N* ‖ mal trayssol *L*, maltraxolo *N*, maltruxo *O*.
24 apriesiessa *L* ‖ Et *om*. *L* ‖ uio *om*. *O*. 25 que *om*. *O* ‖ podio *L* ‖ nat. +
e *LNO* ‖ El moço *om*. *O*.

leer *et* aconpannarse con los sabios, *et* apriso todas las sciencias, *et* los libros de las eras del mundo, *et* el engenno de los reyes, fasta quel fizo el rey su aguazil mayor.

E el contrario desto es lo que contecio a un fijo de un rey de Yndia que uieron en su naçençia que serie ferrero, *et* non lo dixieron a so padre. *Et* quando crecio el yfante, punno el rey de mostrarle sciencias *et* las costunbres de los reyes, *et* nunqua pudo con el que aprisiesse nada; *et* por fuerça ouo de seer ferrero commo uieron en su nacencia. *Et* el rey quando lo uio pesol de coraçon *et* demando a sos sabios, *et* todos se acordaron quel dexassen con su natura; *et* fizo lo assi.

M, 10 *a*   Alexandre, non fagades cosa pequenna nin grande a menos de u*u*est*r*o aguazil, que los antigos dizen que en demandar om*n*e conseio cabeça es de la cordura. *Et* dizen en las uidas que fazien los de Persia que un rey conseiose con sus aguaziles en grant poridad de so regno, *et* dixol un dellos: "Non conuiene a rey que demande conseio a ningun de nos si no apartada miente, *et* que non sepa el uno del otro; *et* assy sera mas poridat su fazienda *et* mas en saluo, *et* no aura enuidia uno dotro, *et* cada uno le sera mas leal en su poridat *et* dar le a mas conplido conseio." *Et* dixo un gentil: "Assy como creçe la mar con las aguas de los rios que caen en ella, assy esfuerça el coraçon del rey con el conseio de sos aguaziles, *et* puede auer por arte

M, 10 *b* lo que non puede auer por fuerça nin por caualleros." *Et* dixo en un castigo de los reyes de Persia: "Toda uia demandad conseio de u*u*est*r*os om*n*es en u*u*est*r*as faziendas, *et* maguer que u*u*est*r*o conseio sea mui bueno *et* mui alto, por esso non escusedes de demandar con

---

1 acopannarse *M*, compannarse *L*, aconpannar *O* ∥ los + onbres *O* ∥ sau. + omnes *L*. 2 eras]oras *O* ∥ eng.]organo *O* ∥ quel rey lo fizo *O*. 3 su] suyo *post* aguazil *L*. 4 el]la *LO*, lo *N* ∥ contraria *O* ∥ de Yn.]en el dia *O*. 5 en om. *O* ∥ serie]auia de ser *O*. 6 a so]al *L* ∥ de]con el en *LO* ∥ monstrar le *L*, le mostrar *O*. 7 que + lo *O*. 8 nada et om. *O* ∥ fuerça + e *O* ∥ com ... 9 uio]e *O*. 9 uido *L* ∥ pesol + mucho *L* ∥ dem.]pregunto *O*. 10 sos] los *O* ∥ tod ... con]e dixeron le todos que era la *O* ∥ dexasse *L* ∥ et ... assi om. *LO*. 12 cosa om. *M* ∥ pequena *M* ∥ a m. de]sin conseio de *O* ∥ de + conseio de *L*. 13 uuestros alguaziles e dixo *O* ∥ en om. *L*. 14 dize *LN*] dixo que *O* ∥ uidas]Indias *O* ∥ de P.]persianos *O*. 15 cons.]que se consejo *O* ∥ por. + que le consejarian en fecho *O*. 16 dixo uno *LO* ∥ vno *N* ∥ a rey om. *LO* ∥ que ... cons. om. *O* ∥ a]de *L* ∥ ninguno *LNO*. 17 nos + que de consejo *O* ∥ et om. *L*. 18 sera]fara *L* seran *O* ∥ mas + en *O*. 19 enuidia + el *O* ∥ dotro]del otro *O* ∥ le om. *L* ∥ dar ... a]el dara *L,* dar le han *O*. 20 gentil]alguazil *N*, persiano *O*. 21 las ... de om. *L* ∥ riuos *L* ∥ caen]entran *O* ∥ esfuerca *M* ∥ el om. *L*. 22 con el om. *L*. 23 dize *LO*. 24 Per. + e dixo *O* ∥ de]a los *O*. 25 om.]adelantados *O* ∥ maguera *N*. 26 mui 2.°] mucho *L* ∥ esc.]dexedes *O* ∥ con ... uues. *ante* de *L*.

el uuestro conseio otro ageno; que si fuere el otro tan bueno commo el uuestro, afirmar uos edes en el, *et* si non fuere tan bueno o meior, escusat lo."

Et assy prouaredes uuestro aguazil quel mostredes uuestra coyta
5 por espender auer. Pues si uos conseiare que condesedes uuestro tesoro si non fuere en muy grant cueyta, non uos es leal nin fiedes en el. *Et* si uos conseiare que tomedes aueres de los omnes, sabet que uos muestra mala manera, por que uos desamara el pueblo, *et* con esto | sera danno del regno. *Et* si uos conuidare con el so auer que   M, 10 *c*
10 el gano conuusco que fagades dello uuestra guysa, conuiene uos que gelo gradescades, *et* sepades que el quiso matar su cuerpo por conplir uuestro seruicio.

Et a tal deuedes buscar que sea uuestro aguazil, *et* que ame uuestra uida, *et* que uos obedesca toda uia, *et* que punne en conplir uuestra
15 uoluntad con cuerpo *et* con auer en quantol mandaredes. *Et* conuiene que aya en el estas quinze maneras: la primera, que sea conplido de sus mienbros *et* que los aya escorrechos en toda obra que deua fazer. La ii.ª es que sea de buen entendimiento, *et* muy sabio, *et* que sea su ymaginacion muy ayna de quantol dixieren, *et* que sea de | buen sen-   M, 10 *d*
20 tido, *et* membrado, *et* agudo, *et* bien razonado, *et* que no recuda quantol dixieren, *et* que aya sciencia, *et* que entienda la razon de la primera palabra assy como la quier dezir el que la dezir quiere. La tercera es que sea fermoso de rostro, *et* que non sea desdennoso nin desuergonçado. La quarta es que sepa dezir lo que dixiere bien, *et*
25 que pueda dezir por su lengua todo quanto tiene en so coraçon *et* en su uoluntad, *et* con pocas palabras *et* ensennada miente. La quinta es

---

1 cons. + e *O, om. L* ‖ age.]alguno *L,* + y *N* ‖ que]e *L* ‖ el ... bue. *om. O* ‖ commo]con *L.* 2 afir.]firmar *LO,* + se han en uno e firmar *O* ‖ edes + mas *LO* ‖ en]con *N* ‖ tan bueno]tal com (commo *O*) el uuestro *LO.* 3 escusarlo *NO,* + hedes *O.* 4 prouad *L* ‖ agu. + el *O.* 5 uos]nos *L* ‖ cond.]escusedes *LNO.* 6 en *1.º*]con *LO.* 7 si + el *O* ‖ auer *LO* ‖ omnes + de la tierra *O.* 8 uos *1.º om. O* ‖ desuiara *O* ‖ et ... 9 regno *om. O.* 9 reg.]pueblo *N* ‖ uos + el *LO.* 10 ganare *O* ‖ que *1.º* + uos *L* ‖ dello + a *L,* + uos a *O* ‖ uos *om. L.* 11 et + que *L, om. O* ‖ el *om. O.* 13 a tal ... bus.]conuiene *O* ‖ deu. bus.]deue *L* ‖ et ... 14 uia *om. O.* 14 et *1.º om. N.* 15 auer + e *L* ‖ en]con *L,* y con *N* ‖ quan.]lo que *O* ‖ madaredes *M,* demandardes *L* ‖ *Véase el Apéndice I para el resto del texto de O.* 16 quin. *om. L* ‖ man. + que yo digo *L.* 17 escollechos *N* ‖ obra]ondra *L* ‖ deue *L.* 19 ymag.]amā gēcion *M* ‖ ymag ... ayna]omenage firme e derechero *L* ‖ sea ... 21 dix. et que *om. N.* 20 recuda + a *L.* 21 aya ... et]oya de guisa *L* ‖ et *2.º om. N* ‖ la raz. ante et *2.º L* ‖ que + la *L* ‖ ent. + de la primera uez e *L.* 22 pal. + e *L* ‖ dez. qu.]dize *L* ‖ quie.]la quisiere *N.* 23 et *om. L.* 24 desuerguençoso *L* ‖ dix.]quisiere *L.* 25 que *om. L* ‖ por ... todo *om. L* ‖ cor. + con su lengua a quanto tiene *L* ‖ et *om. L.* 26 et con *om. M* ‖ ensenadamiente *M*]atreuudament *L.*

que sea uerdadero en su palabra, *et* que ame la uerdad *et* que desame
la mentira, *et* que sea de buen dar *et* de buen tomar en sus baratas,
M, 11 a *et* sea loado *et* de buen recebir et manso. La sesta es que se uista
bien *et* de buenos pannos, *et* que sepa de toda sçiençia, *et* mas la geo-
mestria, que es sciencia uerdadera. La septima es que non sea muy 5
comedor, ni muy beuedor, nin fornaguero, *et* que desame los sabores
deste mundo *et* los iuegos. La octaua es que sea de grand coraçon *et*
de noble uoluntad, *et* que ame su ondra *et* que reçele mucho su desonra.
La nouena es que desprecie dineros *et* las cosas accidentales del sieglo,
et que non aya cuydado si no de las cosas que creçen en ondra de so 10
sennor *et* en las por que mas le amaran los omnes. La decima es que
M, 11 b ame la iusticia *et* los iusticieros, *et* que desame el tuerto *et* el demas,
et que pague a los que lo mereçen; *et* que se duela de los que tuerto re-
ciben, *et* que gelo faga emendar *et* que lo uiede que non se faga mas;
et non lo dexe de uedar por amor nin por desamor de ninguno. La 15
ondeçima que sea firme en las cosas que deue fazer, *et* que non sea
couarde nin medroso de flaca alma; *et* que aya el coraçon muy firme,
et que ame caualleria *et* lidiar en batallas. La duodeçima que sepa
muy bien escreuir, *et* que sea gramatico, *et* retenedor de las eras del
mundo, *et* de los dias de los omnes, *et* de costunbres de los reyes, *et* 20
M, 11 c de las nueuas de los omnes antigos *et* loados; *et* que sea omne que
ouo uida con otro aguazil, que retouo sus maneras *et* que las uso.
La trezena es que sea sabidor de todas sus rentas de guysa que no
se le pueda asconder ninguna cosa de u*ues*tros pros, *et* quando se le
querellaren algunos de sos cogedores, sabra la querella si es con uer- 25
dat o con mentira. *Et* quando entendieren los seruiciales que el es sabidor de todas las rentas, non seran osados de fazer nemiga nin furto.
La quarta decima es que non sea de mucha palabra nin iudgador nin
dezidor de mal nin desdennoso. La quinta decima es que no beua

---

2 et 2.º ... tomar *om*. *N* ‖ bar.]obras *N*. 3 ledo *L*. 4 bien et *om*. *L* ‖ de toda]cada *L* ‖ todas çiençias *N* ‖ la *om*. *L* ‖ geometria *L*, geumetria *N*. 5 es 2.º *om*. **M** ‖ muy *om*. *L*. 6 fornicador *N* ‖ que *om*. *L*. 7 los *om*. *N* ‖ iue.]ruegos *N* ‖ graue **M**. 8 noble]mala *L* ‖ des.]onra *ML*. 9 din. + e marauedis *L* ‖ acc.]occidentales **M** ‖ del s.]deste mundo *L*. 10 non *om*. *L* ‖ si no *om*. *L*. 11 por *om*. **M** ‖ los + omnes *L*. 12 et el *om*. *L*. 13 pague] ... gue *L* ‖ tuerto]lo *L* ‖ resçiban *N*. 14 gelo]ge ... *L* ‖ lo]gelo **M** ‖ et + que *L* ‖ lo]gelo **M**. 15 ning. + et *L*. 16 onzena *N*, + es *L* ‖ sea + muy *L* ‖ deue] dexe de *N*. 17 cou. + ende *L* ‖ med. + nin *L*. 18 en *om*. **M** ‖ duod. + es *L*. 19 muy *om*. *L* ‖ esc. + e dictar *L* ‖ rendador *L*. 20 costunbre *L*. 21 et 1.º + de los engennos *L*, los engeniosos *N*. 22 ret.]arendo *L*. 23 sus]uuestras *L* ‖ que no se le]ques le non *L*. 25 alg.]dalguno *LN* ‖ sab.]sepa *N* ‖ con *om*. *N*. 26 seruiciales]sieruos *L* ‖ el *om*. *L*. 27 sera osado *N* ‖ nem.]mengua *N*. 28 iud.]jugador *N*. 29 qui. dec.] quinzena *N*.

uino, *et* que non se trabage en los uiçios ni en los sabores seglares; *et* que sea | su noche assi commo su dia en recebir los omnes *et* en M, 11 *d*
pensar *et* en cuydar, *et* que non sea su casa uedada a quantos acaescen *et* uienen de los que an mester su ayuda, *et* que los conorte *et*
5 que les de algo; *et* que sea creyente en Dios *et* en uuestra creencia.

De las maneras.

Sepades, Alexandre, que el omne es de mas alta natura que todas las cosas biuas del mundo, *et* que no a manera propria en ninguna creatura de quantas Dios fizo que no la aya en el. Es esforçado
10 commo leon; es couarde commo liebre; es mal fechor commo cueruo; es montes commo leo pardo; es franco como gallo; es escasso como can; es duendo como paloma; es artero commo gulpeija; | es sin arte M, 12 *a*
como oueija; es corredor commo gamo; es perezoso commo osso; es noble commo elefante; es amanssado como asno; es ladron como
15 pigaça; es loçano commo pauon; es guiador como alcotan; es perdido como nema; es uelador commo abeia; es foydor commo cabron; es triste como aranna; es manso commo camello; es brauo como mulo; es mudo commo pescado; es fablador commo tordo; es sofridor como puerco; es malauenturado como buho; es seguidor com-
20 mo cauallo; es dannoso como mur.

E el mayor castigo que uos digo—percebit uos que non fagades por que uos quieran mal los omnes, que la cabeça del seso, depues de la creençia de Dios, es bien | querençia de los omnes. *Et* castigo M, 12 *b*
uos *et* percebit uos que non tomedes por aguazil omne rubio nin ber-
25 meio, nin fiedes por tal omne, *et* guardat uos del commo uos guardariedes de la biuora de Yndia, la que mata con el catar. Et quanto mas uermeio fuere *et* mas ruuio, tanto es mas peor; que en estas figuras

---

1 en *1.º y 2.º*]de *L*. 2 omnes *om. L*. 3 et *2.º om. L*. 4 de ... mes.]a demandar su conseio e *L* ‖ conorte]connosce *L*. 5 algo + de lo suyo *L*. 6 *Título om. LN*. 7 E *ante* Sep. *N*. 8 las + otras *L* ‖ del]deste *L*. 9 cre. + que non *L* ‖ el + omne *LN*. 10 es *2.º* ... pardo *post* 12 can *L* ‖ cue.]lobo *L*. 11 leon *N* ‖ fra.]flaco *M* ‖ galgo .lo. *L*. 12 golpeia *L*. 14 ele.]aleffant *L* ‖ am.]manso *N*. 15 pauo *N* ‖ perdador *N*, hardido *L*. 16 nema]estrucio *L*. 19 busto *L*, bicho *N*. 20 mur]mar *LN*. 21 E *om. L* ‖ que *1.º* + yo *L* ‖ per.]apercebid *LN* ‖ uos + de *L*. 22 que *2.º* ... *23* omnes *om. L*. 23 de *2.º*] con *N*. 24 per.]apercebo *L*, apercebid *N* ‖ nin *om. L*. 25 guardaredes *N*. 26 las biuoras *N*. 27 mas es *L* ‖ que]e *N* ‖ fig.]fechuras *L*.

significa la traycion, *et* la enuidia *et* la arteria, *et* por ffuerça es esto en natura a los om*n*es; *et* por esto mato Cayn a so hermano Abel.

Capitulo de los escriuanos del rey.

Alexandre, conuiene uos que sean u*u*estros escriuanos por escreuir u*u*estras cartas *et* u*u*estros priuilegios escogidos quales yo dixe, que u*u*estra carta muestra qual es u*u*estro seso *et* u*u*estro entendimiento *et* lo que queredes a los que ueen u*u*estra carta; que la razon de la fabla es en su alma, *et* los escriuanos son el cuerpo, *et* el afeytamiento es la letra, *et* deue ser uiuo *et* muerto *et* sesudo. Assy conuiene que sean u*u*estros escriuanos que metan la razon conplida en buena palabra *et* en letra fremosa *et* apuesta, que sienpre los reyes se gabaron con sus escriuanos *et* puijaron los a los altos logares. *Et* assy commo los escriuanos saben u*u*estras poridades *et* razonan uos ante los conceijos a u*u*estra ondra, asil deuedes guardar a el *et* a sus cosas, *et* quel pongades en logar de uno de u*u*estros aguaziles, que su pro es con la u*u*estra *et* su danno con el u*u*estro. Et si pudieredes que sea u*u*estro escriuano el u*u*estro aguazil, sera meior u*u*estra fazienda *et* mas en poridat.

M, 12 c

Capitulo en los cogedores de las rentas.

M, 12 d

Alexandre, sabet que u*u*estro pueblo es u*u*estro tesoro el que non se pierde *et* el que ayna se cobra, *et* con el sodes rey. Pues asmat que u*u*estro pueblo es uerto *et* que a en el muchas fructas, *et* que non es como las mieses que se renueuan cada anno, *et* que las siembran cada

---

1 significan *N*, se finca *L* ‖ et la arteria *om. L* ‖ esto en]esta *N*. 2 esto] eso *N* ‖ Caym *L* ‖ so her. *om. L*. 3 *Título om. L*, Capitulo que trata como deue fiar de los escriuanos *N*. 4 Al. *om. LN* ‖ uos *om. L* ‖ por + a *LN*. 5 et]o *N* ‖ preuillejos *N* ‖ esc. *om. L* ‖ yo + uos *L* ‖ dire *LN*. 6 es + el *LN*. 7 uehan + la *L* ‖ que 2.º]y *N*. 8 en *om. L* ‖ son]es *M*. 9 et *1.º* + como *L* ‖ seer + oblida *L* ‖ mue.]manso *L* ‖ et *3.º* + commo deue seer *L* ‖ ses. + el omne *L*. 10 uue.]sesudos sos *L*. 11 fremosa *om. L* ‖ gab.]pagan *L*, alabaron *N*. 12 sus esc.]el *L* ‖ los *1.º om. L* ‖ Et *om. N* ‖ cuemo *L*. 13 los. esc.]uuestro escriuano *L* ‖ sabe *L* ‖ razona *L* ‖ ante]entre *L*. 14 asil]assi *L*, assi los *N* ‖ el]ellos *N* ‖ cos.]conpannas *L* ‖ quel]que los *N*. 15 de uno *om. L* ‖ agu. + y *N* ‖ que]ca *L*. 16 la uue.]el uuestro *L* ‖ dan. + es *L* ‖ pudierdes *L* ‖ uue. esc. sea *L*. 17 el]et *M*, *om. L* ‖ sera + muy *LN*. 18 en]de *L*. 19 cog.]cuydares *M* ‖ Capitulo como deuen guardar los reyes los pueblos *título en N*. 20 sabede *L*. 21 et el]yl *L* ‖ que + non se pierde *L* ‖ se *2.º om. L* ‖ conbra *M*. 22 muchos fructos *L* ‖ que *2.º* ... es]quando son *L*. 23 se ren.]reuerdescen *L* ‖ et *om. L* ‖ las + mieses *L* ‖ sembran *L*.

anno; que los arboles son toda uia fincables que non los an de sembrar cada anno.

Pues commo preciades uuestro tesoro que es cosa con que dura uuestro regno, assy guardat uuestro pueblo que non les faga ninguno
5 mal nin soberuia. Et que non sea uuestro cogedor mas duno, et que sea prouado en prouar las cosas, et que sea rico et leal, et que coia por uos el fructo et que non derraygue el arbol, et sea sofri⊥do et M, 13 a manso et de buenas mientes, que si assy non fuere, recelarlan los omnes et dannaran sus uoluntades. Et non sean dos aguaziles, que de la
10 parte que cuydades ganar por ellos, desa perderedes, que el uno quiere puiar sobre el otro et puiara de creçer la renta con danno del pueblo, et cada uno querra algo pora si et por fazer seruiçio a los que mantienen en su officio.

El quinto tractado es en los mandaderos del rey en su estado e como
15 *se deue ordenar que los enbian.*

Ya sabedes, Alexandre, que el mandadero demuestra el seso daquel quel embia, que es su oio en lo que non uee, et es su oreia en lo que non oe, et es su lengua do non se acierta. Pues conuiene uos que embiedes uuestro mandadero et que escoiades el meior que ouiere- M, 13 b
20 des en uuestra corte de seso, et de entendimiento, et de paresçer, et de fieldat, et de escusar las cosas en que puede caer en culpa. Et sil fallaredes atal, embiat le segura miente. Et ponet uuestras cosas en el depues que sepa uuestra uoluntad et nol castiguedes de lo que a de recodir, que mucho ayna uera en lo que dizen cosa por que aura
25 de recodir dotra manera.

1 ficables *L.* 2 anno + e *LN.* 3 tes. + el *L* ‖ con *om. LN* ‖ dura] faze durar *N.* 4 reg. + e *L* ‖ guar.]deuedes guardar *LN* ‖ fagades *N.* 5 uue.]su **M.** 6 leal]largo *N.* 7 por + a *L* ‖ uos *om. N* ‖ que *om. L* ‖ derraygue *om. L* ‖ sofridor *L.* 8 buena mente *N* ‖ mien.]maneras *L* ‖ que] ca *L,* y *N* ‖ assi *post* fuere *L.* 9 dannara *L,* + en *M* ‖ agu. *om. L* ‖ que]ca *L.* 10 cuydaredes *L,* cuydardes *N* ‖ ganara *M* ‖ por]con *N* ‖ por ellos *om. L* ‖ perdredes *L* ‖ el]cada *L* ‖ quiera *L.* 11 punara *L,* pugnaran *N* ‖ las rentas *N* ‖ con d.]cada anno *L.* 12 que + le *N* ‖ mantenen *L.* 13 en]es *L.* 14 Capitulo de los mansaieros del rey **M,** Capitulo de como han de fablar los mandaderos *N* ‖ El]En *L* ‖ qui.]quarto *L* ‖ mandados *L.* 16 E *ante* Ya *L* ‖ Ya]Ca *N* ‖ man. + del omne *L* ‖ daq.]del *L.* 17 su *1.º*]so *L* ‖ lo *1.º*]el e *L.* 18 oye *LN* ‖ couiene *M* ‖ que]quel *M,* + quando *N.* 19 man.]mensagero *L* ‖ et *om. N* ‖ et … esc. *om. L* ‖ que *1.º* + lo *N.* 20 entedimiento **M.** 21 pueden *L.* 22 emb. le]enbiarle hedes *N* ‖ seguramientre *L* ‖ Et *om. L.* 23 de *om.* **M** ‖ de … rec. *om. L.* 24 que *1.º*]ca *L* ‖ mucho]mui *L* ‖ en *om. L* ‖ que *3.º*]quel *L.*

51

Et si non fuere atal commo dicho es, al menos sea fiel *et* uerdadero, *et* non diga mas nin menos de lo quel mandaredes dezir, *et*
que sea retenedor de u*ues*tro castigo, *et* decorador de lo quel recu-
dieren sobrello. *Et* si non fallaredes atal, sea a lo menos fiel *et* no
mas, *et* que de la u*ues*tra carta al qui la uos mandaredes *et* que uos 5
torne con la repuesta. *Et* el mandadero que entendieredes que es
cobdicioso de leuar auer del logar o lo embiaredes, nol querades, que
non daran auer por u*ues*tra pro.

Et non embiedes om*n*e beuedor, que los de Persia, quando les em-
biauan mandadero, dizienle que beuiesse uino, *et* si lo beuie, sabien 10
que las faziendas del rey eran descubiertas *et* corrubtas; *et* mostra-
uanle auer, *et* si auie dello grant cobdicia, sabien que el rey en poder
dellos era.

Et guardat uos, Alexandre, de enbiar u*ues*tro aguazil *et* de sacarle
de u*ues*tra corte, que uos uerna por ello danno si lo fizieredes a uos 15
et a u*ues*tro regno. *Et* estas son las sennales de u*ues*tros mandaderos
las que uos conte *et* desplane, *et* la meior de todas es fieldad *et* lealtad; *et* si non fuere el mandadero atal, engannar uos a *et* recibra
dones *et* seruicio por u*ues*tro danno, *et* fazer uos a traycion en lo quel
mandaredes dezir, *et* entrar uos a la mengua en u*ues*tro ordenamiento 20
tanto quanto el uos fizo de traycion.

El tractado .vi. es en ... los al...e los buenos caualleros.

Alexandre, los caualleros son rayz del regno *et* su apostura, *et*
lo mas que uos deuedes parar mientes es en que sean apuestos, *et* bien
guisados *et* bien ordenados en escoger los caualleros fasta que se uos 25

---

1 tal *L* ǁ al]a lo *N*. 2 mandastes *L*. 3 et *om. L* ǁ recudiesen *N*. 4 non]
nōl *L*, ǁ fallardes *L* ǁ sea *post* menos *L*, ǁ a lo]al *L* ǁ fiel *ante* a *N* ǁ et
2.º *om. L,* + verdadero a lo menos y *N*. 5 la 1.ª *om. LN* ǁ al qui]a quien
L, al que *N* ǁ uos la *N* ǁ uos *om. L.* ǁ man.]embiaredes *LN*. 6 Et *om. L* ǁ
ent.]sintieredes en el *L*. 7 quer.]embiedes *L* ǁ que]ca *L*. 8 non]nol *LN* ǁ
por + a *L*. 9 que]ca *L* ǁ les]ellos *N* ǁ enbian *L*. 10 dizen *L* ǁ beu.]non
beua *L* ǁ beuiesse *L* ǁ sabrie *L*. 11 faz.]...iendas *L* ǁ del]de su *L* ǁ corrom-
pidas *L* ǁ et mos.]y emuestran le *L*. 12 auie]ouiesse *L* ǁ delo *M* ǁ cobdicia
grande *N* ǁ sabrie *L*. 13 era *ante* 12 en *L*. 14 et *om. L*. 15 que]ca *L* ǁ
por ello]dello *N* ǁ dan. *ante* por *L* ǁ si ... et a]de *L*. 16 Et *om. L*. 17
des.]esplane *N* ǁ meior]maor *L* ǁ la lealtad e la fieldad *L* ǁ et 3.º + la *N*.
18 enganar *M* ǁ et 2.º ... 19 uos a *om. L*. 20 mandastes *L,* mandardes *N*.
21 tan. qua.]tanta qual *L* ǁ fizo]ha fecho *L* ǁ de]la *N*. 22 *Título om. M* ǁ
Capitulo del ordenamiento de los caualleros *N*. 23 rayz]reyes *L* ǁ su]so *L*.
24 deu.]auedes a *L* ǁ es *om. N* ǁ es en *om. L*. 25 en]a *N* ǁ esc.]contar
L ǁ non se uos *L*.

non encubra estado del que es dellos cerca de uos nin del que es lexos, *et* ser uos a múy lieue la lazeyra que an los otros en ordenar-
los *et* en fazer les uenir; que la meior cosa de las cosas del mundo
son quatro, *et* non dix quatro si non por que en cada logar de la tie- M, 14 *a*
5 rra a quatro partes: adelantre, atras, a diestro, a siniestro; *et* asi
son las partes del mundo quatro: orient *et* occident *et* meridie *et* sep-
tentrion. Pues dat a mandar a cada rey quatro, *et* si quisieredes mas,
sean diez, que en los diez son los quatro conplidos, que a en ellos
uno *et* dos *et* tres *et* quatro, *et* quando se ayuntan, uienen ende diez.
10 Et es conplido de lo que a en los quatro cuentos.

Et mandad que aya cada rico omne .x. adelantados, *et* que aya
cada adelantado diez alcaldes, *et* seran ciento; *et* que aya cada alcalde .x. alarifes, *et* seran mill; *et* que aya cada alarif .x. omnes. Pues
quando ouierdes mester mil omnes, mandaredes uenir un rico omne M, 14 *b*
15 que traya diez alcaldes, *et* cada alcalde que traya diez alarifes, *et* cada
alarif que traya diez omnes, *et* seran mil lidiadores. *Et* si ouieredes
mester cient omnes, mandaredes uenir un alcalde, *et* uernan con el
diez alarifes, *et* uernan con cada alarif .x. omnes, *et* seran ciento lidiadores. *Et* si ouieredes mester diez omnes, mandaredes uenir un
20 alarif, *et* uernan con el diez omnes.

Esto es lo que quisiemos dezir *et* por esto minguar se uos a la
cuesta *et* fazer se a lo que uos quisieredes mas ayna *et* sin lazerio *et*
sin trabaio, *et* non lazraredes en fazienda de los caualleros, que cada
un omne manda .x. so su mano. Por esto minguar uos a trabaio *et*
25 auredes quantos quisieredes a la ora que mandaredes por la primera M, 14 *c*
sennal que fizieredes, *et* que aura cada un de los caualleros a quien
tenga oio de los cabdiellos un grado sobre otro. Et an mester los caualleros un escriuano sabio, *et* fiel, *et* entendido, *et* percebido, *et* sabidor

---

1 encubran + el *L* ‖ est.]escondo *M* ‖ del]dellos *L* ‖ cer. *post* uos *L* ‖ de uos *om. N*. 2 lieue]lef *L* ‖ la *om. L* ‖ lazeria *LN*. 3 et *om. L* ‖ la meior] por menor *L* ‖ de ... cos. *om. N*. 4 et ... 5 quatro *om. N* ‖ dix]dexe *L* ‖ cada]todo *L*. 5 ade. + y *L* ‖ atras + y *L* ‖ diest. + y *L*. 6 et *1.° om. LN* ‖ et *2.° y 3.° om. N* ‖ meridiano *N*. 7 dan *L* ‖ rey *om. L* ‖ quisierdes *LN*. 8 los *1.°*]ellos *L*. 9 ayuntaran *L* ‖ ende]dende *L*, en *N*. 10 Et *om. L* ‖ complimiento *L* ‖ los]las *L* ‖ cuentas *L*. 11 mandan *L* ‖ .x. *om. L*. 12 alcaydes *passim N* ‖ et *1.° om. L*. 13 omn. + e *N*, + e seran mil *L* ‖ Pues ... omnes *om. MN*. 14 mandad *L* ‖ rico omne]adelantado *L*. 16 ouierdes *L*. 17 cient *om. N* ‖ uerran *L*. 18 uernan ... omn. et *om. MN* ‖ lidiadores *om. L*. 19 ouierdes *L* ‖ man. + y *L*. 20 omn. + y *N*. 21 quesimos *N* ‖ la ... 24 uos a *om. L*. 22 costa *N* ‖ quisierdes *N*. 24 un *om. N* ‖ .x.]Dios *N* ‖ mano + y *N* ‖ Pora *L* ‖ min. + se *N*. 25 quanto *L* ‖ quisierdes *LN* ‖ a ... mand. *om. L*. 26 que *1.° + uos L* ‖ fizieredes *L* ‖ que *2.° om. L* ‖ uno *LN* ‖ de los]dellos *M*. 27 de los]de sus *L* ‖ un]uno de *L*. 28 un *om. L* ‖ saluo *N* ‖ et *2.° om. N* ‖ entendudo *L* ‖ per.]apercebudo *L*, aperçebido *N*.

de las sennales de los omnes, *et* buen cauallero, *et* atal que sean seguros del de no les fazer traycion en lo que les dan, por que se ayan de tornar sus uoluntades *et* lo que tienen en sos coraçones. *Et* quando uos alguna cosa entendieredes desto, allongat le dellos. Ayuntat los por esto *et* dezildes por que entendistes en el danno dellos, por esso lo allongastes dellos; *et* conuiene que sea de buenas maneras *et* de

M, 14 *d* buen recebir, *et* que non se parta dellos nin faga otra | obra sino fazer les seruiçio.

Et meted mientes toda uia en sus cosas *et* en sus faziendas, *et* que les tuelga sus males. *Et* conuiene que ayan toda uia de uos miedo *et* uerguença *et* que uos teman; *et* por que uos ayan pauor *et* por que uos fagan grant ondra *et* grant obedicimiento, no les dedes poder de llegar a uos quando uos uinieren saluar, nin que fablen conuusco conseiera miente ni en poridat, que esto es cosa que non uos guardaredes della, *et* non uos preciaran nada, *et* much ayna perderedes el cuerpo por ello como acaecio al rey Temecias *et* a otros. Et establecet les que toda uia lo que uos ouieren de dezir que lo escriuan,

M, 15 *a* *et* que uos lo den por carta | por mano de uuestro fiel que uos ayades puesto por reguardar esto. *Et* uos leet todas las cartas antel uuestro aguazil *et* ante el cabildo de uuestros caualleros; *et* al que ouieredes de fazer merced, mandat ge lo escreuir en el auiesso de su carta *et* sera grand ondra *et* grand prez pora el *et* pora todo su linage; depues desto ser uos an mas leales *et* mas sieruos. Et al que no ouieredes de fazer nada, ffinque su carta sin repuesta, *et* sera esto grand apostura en ser uuestro recodir desta guisa. *Et* conuidaldos a comer pora las fiestas *et* en las pasquas, *et* esto sera a ellos la mayor ondra que uos les podedes fazer, *et* por esto uos amaran de coraçon.

5

10

15

20

25

---

1 atal]tal *N*. 2 de no les]deuales *L* ‖ da *L* ‖ se]lo *L*, *om. N*. 3 tor. + a *N* ‖ et *1.º*]en *L*. 4 uos ... cosa *post* ent. *L* ‖ ent. alg. cosa *N* ‖ alongad *LN* ‖ dellos + e *LN*. 5 dezilde *N* ‖ dez. + que *L* ‖ por *2.º om. N* ‖ entendiestes *L* ‖ dellos + y *N* ‖ esso]esto *N*. 6 aluengastes *L*, alongastes *N* ‖ et con.] que conuinia *L*. 7 que non]quando *L* ‖ nin]e non *L*. 9 meter *L* ‖ et en ... males *om. L*. 10 con. + uos toda uia *L* ‖ que *1.º* + uos *L* ‖ toda ... uos] gran *L* ‖ et *2.º*]por *L*. 11 por que *1.º om. L* ‖ et *3.º om. N* ‖ et por *om. L*. 12 obed. + e *LN*. 13 que fab.]fablar *N* ‖ fable *L* ‖ couusco *M*. 14 mientre *L* ‖ esto ... que]si *L* ‖ que + sy *N*. 15 dello *N* ‖ della et]de lo que *L* ‖ et *1.º om. N* ‖ preci.]prouechera *L* ‖ et *2.º om. L*. 16 acae.]acontecio *L* ‖ Temettias *L*, Temeçias *N* ‖ et ... Et]Hy *L* ‖ Et *om. N*. 17 toda uia *om. L*. 18 por *1.º*]en *L*. 19 pora guardar *NL* ‖ ante *L*. 20 cabillo *L*, cabdillo *N*. 21 mande *L*. 22 el]ellos *N* ‖ todo *om. L*. 23 desto]del et por esto *L* ‖ uos ser an *LN* ‖ mas *2.º* + que *L* ‖ de]por que *L*. 24 fazer *om. M*. 25 ser + en *L* ‖ pora]en *L*. 26 et *2.º* + en *L* ‖ maor *L*. 27 podades *L*.

Este es el tractado .vii. en guisas [de] las lides e las huestes.

Alexandre, non lidiedes por u*ues*tro cuerpo en u*ues*tras lides, M, 15 *b*
et toda uia guisat u*ues*tra morada que sea en la cipdat mayor que uos
auedes *et* en la meior. *Et* non fagades commo fizieron los de Haen-
5 quilla que uinieron por los iuntamientos, que bien uos digo que nunqua se ayunto un rey con otro que non penssasse el uno en matar al
otro; *et* esta cosa es mucho fallada *et* deue seer por la natura dont
nacieron los om*n*es. *Et* pensat en lo que fizo Caym a Abel, su hermano, *et* aueriguada cosa es que la enuidia *et* amar el mundo faze
10 esto. Pues lo que es natura del mundo *et* esperança de los om*n*es,
guardat uos dello.

Et sabet que las lides son cuerpo *et* alma, *et* leuantan se dos con-
trarios; cada uno quier uencer al otro *et* cada uno cuyda uençer mientra dura la lid, *et* dura la lid mientra son las dos partes eguales, *et* M, 15 *c*
15 feneçe con uencimiento de la una parte dellos. Pues pensat toda uia
de esforçar los de u*ues*tra parte *et* creet toda uia que sodes uos el
uençedor, *et* que uos sabedes senales desto. Et mostrat les prouas de
obra que esfuerçen sos coraçones atal commo el Hayras *et* los cuentos que uos nonbraremos en este libro. *Et* abenit los todos, *et* prome-
20 tet les donas *et* que uistan, *et* conplit les lo que les prometieredes; *et*
amenazad al que fuere couarde quel escarmentaredes muy mala mientre, *et* quel exemplaredes, *et* quel daredes por exienplo a los otros. *Et*
sabet que non lidiaredes sino con uno o con dos en canpo o en castiello; *et* pues si ouieredes de lidiar en el canpo, meted mientes toda M, 15 *d*
25 uia en guysar uos lo meior que pudieredes, *et* ponet escuchas cada

1 *Titulo om. M* ‖ Capitulo como los reyes non deuen lidiar por su cuerpo *N*. 3 gui.]aguisad *N* ‖ maor cibdat *L*. 4 fiz.]. fazen *L* ‖ Haen.]Alha e qui
ella *L*, aquella *N*. 5 uin.]mueren *L* ‖ iunt.]ayuntamientos *N*, auortamientos
L ‖ bien ... nun.]por Dios uos uieron que *L*. 6 pens.]pasassen *L* ‖ el uno *post*
matar *N* ‖ en]de *LN*. 7 et *1.º om. L* ‖ es cosa *N* ‖ cosa + se *L* ‖ fablada
L ‖ la *om. N*. 8 nac.]sallieron *L* ‖ piensan *L* ‖ su]so *L*. 9 aueriguada *om.*
L ‖ amar el]el amor del *L*. 10 del]deste *L* ‖ esp.]es por errança *L* ‖ omn.
+ e *L*. 12 sabed + Alexandre *L* ‖ et *3.º om. L* ‖ leuantaron *M* ‖ se + de
L ‖ contrallas que *L*. 13 uno + quiere vençer y *N* ‖ et ... uen. *om. L* ‖
uen. + de *N* ‖ mentre *L*. 14 mientre *L*, demientra *N* ‖ partidas *L*. 15 uen-
cimientos *L* ‖ partida *L*. 16 de *1.º*]a *L* ‖ esforcar *M* ‖ par.]hueste *L* ‖
creet]fazed les creer *L* ‖ uos sodes *L* ‖ el *om. N*. 17 most.]amostrad *L* ‖
prueua *L*]sennales *N*. 18 obra]uebra *L* ‖ que + se *L* ‖ el Hay.]es Ahiras
Hay.]Yeros *L* ‖ contos *L*. 19 uos *om. L* ‖ nonbramos *L* ‖ aben.]abra *L* ‖
todo *L* ‖ prometiendo *L*. 20 dones *N*. 21 al]el *M* ‖ couarde + e *L* ‖ escar-
mentedes *L*. 22 et quel exemplaredes *om. N*. 23 uno ... dos]una *L*. 24 et *om.*
L ‖ el *om. LN* ‖ toda uia *post* uos *L*. 25 lo]al *L* ‖ que + uos *L* ‖ pon.
+ uuestras *L*.

ora del dia *et* cada noche. *Et* non posedes u*ues*tra hueste si non a logar a que se acueste atal commo otero o otro logar que semeie çerca de agua, *et* traet mucho conducho *et* muchas armas ademas maguer non las ayades mester. Et traet muchas cosas marauillosas *et* temerosas *et* que fagan grandes suenos *et* espantosos, que todo esto esforçara los coraçones de u*ues*tra yente *et* espantara a los otros con quien auedes a lidiar. *Et* aguisat u*ues*tros caualleros de muchas guisas, los unos con lorigas, los otros con p*er*puntes, *et* otros con foias. *Et* quando alguno enuiaredes a lidiar con u*ues*tro enemigo, enuiat con el las figuras de los elefantes *et* las torres de madero con los ballesteros, *et* con cosas que ardan *et* quemen; pues si alguna cosa dubdaren, esforçaran sos coraçones en estas cosas que trayan *et* daran con sus saetas *et* con las algarradas que echan el fuego ardient en rostro de sos enemigos.

Et ordenat u*ues*tros caualleros assy como dixiemos ante, *et* ponet toda uia a u*ues*tro diestro los que fieren *et* razonan, *et* a u*ues*tro siniestro los que alcançan *et* uençen, tales como los que echan el fuego *et* los ballesteros, *et* los de los suenos que espantan, el que es tal como el estrumente que uos yo fiz fazer quando lidiastes con Benhael el de Yndia, que quando lo oyeron sus yentes, espantaron se, *et* fuxieron sos caualleros, *et* por esso se dexaron uençer fata que los tomastes todos.

Et toda uia seet en logar o los podades todos ueer, *et* que paredes mientes al que fiziere bien o mal. *Et* quando ellos uieren esto que uos los ueedes, temer uos an mas, *et* quando uos temieren, esforçarsan *et* ffaran lo que fizieren de buena miente. *Et* parad toda uia mientes en estado de u*ues*tros enemigos, *et* o uieredes que son mas flacos, y mandat ferir primera miente. *Et* seet bien esforçado *et* soffrido, que quando uençieredes la delantera, quebrantarsan sos coraçones, *et* en-

---

1 del]de *LN* ‖ cada]de *LN* ‖ nueche *L* ‖ si non *entre líneas* **M** ‖ a]en *LN*. 2 a *om*. *N* ‖ se *om*. *N* ‖ tal *N* ‖ atal commo *om*. *L* ‖ o + a *L*, + como *N* ‖ que]al *L* ‖ sem. + que sea *L*. 3 ade. *om*. *L*. 5 suenos]sones *L* ‖ espantos *L*. 6 esforça *L* ‖ los *1.º om*. **M** ‖ uuestras gentes *L* ‖ espantaran *L*. 7 agu.] guisad *L*. 8 lorigines *N*, + e *L*. 9 Et]que *L* ‖ algunos *N* ‖ alguno *post* enuiaredes]cebiaredes *L*. 10 el]ellos *N* ‖ las fig. ... elef. *post* 11 quemen y *N*. 11 balesteros **M**. 12 esf. + en *L* ‖ en]con *LN*, + el *L* ‖ trahen *L* ‖ et *om*. **M**. 13 azegaras *L* ‖ echaran *L* ‖ ardient + enchar lo an *L*. 17 alc.] lançan *L* ‖ tal *L*. 18 suenos]sones *L*, + por *N* ‖ el ... como]atal con *L*. 19 estr. + temeroso *L* ‖ yo uos *L* ‖ Balhael *N*, Uetaoel *L*. 20 el *om*. *L* ‖ que]y *N* ‖ esp. se *om*. *N*. 21 sos].vi. *L* ‖ dex.]lexaron *L*. 23 o los]que les *LN* ‖ ucher *L*. 24 fiz.]faze *L* ‖ uie.]sopieren *L*. 25 esf. + de buena miente *L*. 26 miente]guisa *L* ‖ mientes *ante* toda *L*. 27 est.]lestado *L*. 28 seet]seras *L* ‖ esforcado **M** ‖ que]y *N*. 29 uençieredes **M**.

trar les a grand miedo *et* uençer se an todos. *Et* toda uia auet muchos engennos que echen fuego *et* que ayan suenos espantadizos, *et* ayudar uos ¹ edes mucho destas cosas. *Et* toda uia quando quisieredes li- M, 16 c diar, parat uos en los montes altos, *et* auet muchas bestias, que es
5 cosa que espantan los cauallos, *et* lieua mucho conducho *et* mucha agua, *et* ser uos an como castiello si mester fuere.

Et si ouieredes castiellos de lidiar, fazet el engenio que uos yo fiz fazer que echa las grandes piedras de lexos *et* que derriba los muros *et* las fuertes obras, *et* fazet dellos muchos quantos uieredes que
10 auedes mester. Otrosi fazet el engenno que enpuxa *et* que echa las saetas ueganbradas, *et* parat las ballestas de torno que espantan los coraçones, *et* non se les puede defender cosa del mundo. *Et* si ouieredes en poder el logar donde beuen el ¹ agua, echat en ella ueganbre M, 16 d mortal.
15 *Et* non sigades mucho el uencido nin uayades en pos el, *et* si pudieredes que sean todas u*ues*tras cosas con arte, fazello, que la arte es la meior cosa del mundo, *et* la postremera cosa que fizieredes sea la lit. *Et* sabet que los de Yndia son artificiosos, *et* de grandes marauillas, *et* de grandes espantos, *et* non son esforçados. E los de Persia
20 son esforçados *et* muy torpes. *Et* pues lidiat con toda yente segunt les perteneçe. *Et* non desdennedes las cosas pequennas que pueden cresçer; apremiat las antes que crescan.

Esta es la poridat que uos yo fazia *et* que uos dizia sienpre quando yuades a lidiar con u*ues*tros enemigos *et* quando embiauades ¹
25 u*ues*tros alcaydes, *et* es de las poridades celestiales que condeso Dios M, 17 a en los om*n*es. Ya prouastes de su uerdat *et* de su pro, por que fuestes bien apreso *et* bien auenturado. *Et* toda uia me demandastes *et* me

2 engenos *M* ‖ fuegos *L* ‖ sonos *L*. 4 bes. + que coran libre e *L* ‖ es cosa *it.*, *las dos primeras palabras tachadas M*. 5 espantaran *L* ‖ lieuan *L*. 6 castillos *N*, + et *L*. 7 Et si]que *L* ‖ cas ... lid.]caualleros de enbiar a lidiar o de combatir castiello *L* ‖ engenio + que enpuxa *N* ‖ yo uos *L*. 8 echaua *L* ‖ que 2.º *om. L* ‖ derribauan *L*. 9 fuertes huebras *L*, fuerças *M* ‖ uier.]sopierdes *L*. 10 auredes *L* ‖ mester + et *L* ‖ et]o *L*. 11 vegunbradas *N* ‖ que esp.]ques parten *L*. 12 les]le *L*. 13 en 1.º *om. L* ‖ echad + les *L* ‖ vedeganbre *N*. 15 en *om. L* ‖ el]del *N*. 16 todas *post* cosas *N* ‖ con arte] por artes *L* ‖ fazed las *L*, fazeldo *N* ‖ que]ca *L*. 17 cosa ... mun.]manera que omne puede saber *L* ‖ fiz. + que *N*. 18 et *om. LN*. 19 non *om. L* ‖ E ... Per.]los turcos e *L*. 20 son + muy. *LN* ‖ Et *om. LN* ‖ segunt + que *L*. 21 puede *L*. 22 cresçer + e *LN* ‖ las]los *M* ‖ ante *L* ‖ cre. + *título* Capitulo de la poridad que dio Aristotiles a Alixandre *N*, Este es el cuento de los que uan a lidiar *L*, + Alexandre *L*. 23 yo *om. LN* ‖ que 2.º *om. L* ‖ qua. 1.º ... lid. *om. L*. 24 enbiades *L*. 25 alcaldes *L* ‖ condeso]con *L*. 26 prouados *N* ‖ de 1.º *om. L* ‖ et]ye *L*. 27 apresos *L* ‖ auenturados *L* ‖ Et *om. L* ‖ dem.]mandastes *L*.

seguistes que uos lo mostrasse, *et* non quis que uos lo sopiessedes, mas quis que ouiessedes dello pro toda uia. *Et* agora quiero uos lo descobrir *et* mostrar a pleyto que lo tengades en poridat; *et* obrat con ello, *et* nunqua uos errara. *Et* assy uos castigo que nunqua uayades a lidiar con ninguno de u*ue*stros enemigos fasta que sepades por esta cuenta quel uençredes. *Et* si uieredes que nol podedes uençer por uos por esta cuenta, fazet contar los nonbres de los u*ue*stros caualleros *et* de los u*ue*stros alcaydes, *et* embiat al que fallaredes por esta cuenta que a de uençer: que tomedes el no*n*bre del cabdiello de la una hueste *et* de la otra, cada uno en so cabo, *et* lo que se yuntare de cuenta de cada uno por si, sacat los .ix. a .ix. fasta que finquen nuef o menos de .ix. fata uno, *et* del otro nonbre otro tal; *et* ponet lo que fincare de la una *et* de la otra todo aparte, cada uno por si, *et* demandat lo en la cuenta que uos mostrare agora, cada uno en so capitolo; *et* fallar lo edes en uerdad, si Dios quisiere.

M, 17 *b*

5

10

15

1 most.]amostrasse *L* ‖ et ... quis *om*. *L*. ‖ uos *om*. *L* ‖ sopiessades *L*. 2 ouiessades *L* ‖ pro]por *L* ‖ lo]la *L*. 3 desc.]escobrir *L* ‖ most.]amonstrar *L* ‖ con]en *L*. 4 nunquas *1.º L*. ‖ uos castigo]es *L*. 5 a lidiar *post* enemigos *L* ‖ por *om*. *N*. 6 cuenta + y creed *N* ‖ nol]lo non *N* ‖ podredes *L*. 7 los *1.º om*. *L*. ‖ de ... 8 et *1.º om*. *L* ‖ los *2.º om*. *N*. 8 los *om*. *L*. ‖ uue. + aya, *punteado indicando supresión M* ‖ alcaldes *L* ‖ al]el *L*. 9 uençer + el *N*, + esta es la cuenta *L* ‖ cabdielo *M* ‖ una *om*. *L*. 10 lo]la *L* ‖ yun.]ayuntare *N*. 11 cuenta de *om*. *L* ‖ si + e *L* ‖ fas ... nuef *om*. *MN*. 12 o]y *N* ‖ del]el *L*. 13 una]uno *L*. 14 lo *om*. *N* ‖ monstraremos *L*. 15 en ... quis. *om*. *L* ‖ quis. + Dize Alixandre: En mi tiempo nunca descendi a pelea fasta que sope el peso mio y su cuento y el peso de aquel que avia de pelear comigo y el cuento.

Dize Aristotiles, el grant filosofo: Lo que es de su moneda, el menor vençe al mayor y el que non es de su moneda, el mayor vençe al menor cuento, asy como pares con pares, nones con nones, el mayor vençe al menor; pares y nones y nones y pares, el mayor vençe al menor.

Declaramiento para saber dos onbres que desçienden a la pelea o por semejante han pleyto o baraja quien vençera al otro:

Tome el nonbre del reptado y vea quanto lieua, y saquelos de nueve en nueue, y lo que quedare dexelo a parte. Y faga asy al nonbre del reptador: tome el cuento de su nonbre y saquelos tan bien de nueve en nueue, y lo que quedare dexelo a parte; y sy quedaren amos a dos en vna moneda, asy como vno o tres o çinco o siete o nueue, que ninguno dellos non aya par desta moneda, el menor vençe al mayor, asy reptador como reptado; y por semejante los pares asy como dos o quatro o seys o ocho, el menor vençe al mayor, asy reptador como reptado.

E sy non es de su moneda, asy como par y non par, asy como vno con dos o çinco con quatro o seys con siete o tres con nueve, el mayor vençe al menor.

Esta es grande prueua por Daniel profeta, y es cuento de los reyes que salen a la batalla o a dos onbres que han pleyto ante juez para saber quien vençe el vno al otro, y es cuento que le llaman y ponen por nonbre los sennores de la çiençia la cuenta de Alixandre.

Este es su reglar: sabed que el cuento del vençedor que vençe al que es de menor cuento quasi de moneda que es deuisada, asy como el cuento de las letras Amalec ebraycas que lleuan trezientas y quarenta, que fincan dellas seys despues que son sacadas de nueue en nueue.

E el cuento de las letras de Moysen ebraycas lieuan trezientas y quarenta y

Este es el cuento de los caualleros que uan a lidiar.

Capitulo del uno

Uno *et* nueue, el uno uençe a los .ix.; vno *et* ocho, los ocho uençen al vno; vno *et* siete, el uno uençe a los siete; vno *et* seys, los M, 17 c

çinco. Fincan dellas segunt esta cuenta tres, asy que vençia Amalec a Moysen, y asy fallaredes el cuento çierto. Pero puso en su logar a Josue su donzel, y vencio a Amalec y a toda su gente, y destruyolo. E el nonbre de Josue de letras ebraycas lieua en su cuenta trezientas y nouenta y siete; lieua vno y asy vençio.

Esta es la cuenta: par con par o non con non, asy como vno y tres o tres con çinco, el reptador vençe, y toda cuenta que es par, tanto vno como otro semejante a sy, como dos con dos o quatro con quatro, el reptado vençera.

E agora esta es moneda que non es de su moneda. En el cuento de aquel vençe aquel que es de menor cuento, asy como par con non, vno con dos, dos vençen; vno con quatro, quatro vençen; vno con seys, seys vençen; vno con ocho, ocho vençen; dos con tres, tres vençen; dos con çinco, çinco vençen; quatro con nueve, nueve vençen; çinco con seys, seys vençen; çinco con ocho, ocho vençen; dos con siete, syete vençen; dos con nueve, nueve vençen; tres con quatro, quatro vençen; tres con seys, seys vençen; tres con ocho, ocho vençen; quatro con çinco, çinco vençen; quatro con syete, syete vençen; seys con siete, syete vençen; seys con nueve, nueve vençen; syete con ocho, ocho vençen; ocho con nueve, vençen los nueue.

E sy viere el rey o el conde o el sennor que por este cuento fuere vençido, mude con otro nonbre que sea vençedor, asy como fizo Moysen que puso en su lugar a Josue que fiziese batalla con Amalec, y asy como fizo Abner, fijo de Ner, vasallo del rey Saul, que vençio al rey Agad, rey de los enblaycos, segunt este cuento.

Agora vos quiero fazer entender y que entendades los cuentos que son de su moneda, quien vençe el menor al mayor, par con par, non con non; vno tres, vno vençe; vno y çinco, vno vençe; vno y siete, vno vençe; dos quatro, dos vençen; dos con seys, dos vençen; dos con ocho, dos vençen; tres con çinco, tres vençen; tres con siete, tres vençen; tres con nueve, tres vençen; quatro con seys, quatro vençen; çinco con siete, siete vençen; çinco con nueve, nueue vençen; seys con ocho, ocho vençen; siete con nueve, siete vençen.

Sy van ante el juez dos onbres por pleyto de dineros o de heredamientos y viere por este cuento que su contrario vençe, ponga otro en su logar segunt suso es declarado en este libro bendicho. E sy quisierdes saber qual pleyto se acaba o sy oviere entre ellos abenençia, fazed la regla suso dicha y sy quedaren parejos avra entre ellos abenençia, y sy quedaren tres y vno o nones dellos, non quedara la baraja; y sy en amos quedaren pares abenirse han, y sy en amos quedaren nones, sera alongado el pleyto y trabajaran de balde.

Este es el cuento del a. b. c, y quanto monta cada letra por cuenta que son veynte y tres letras, y lo que monta cada vna por cuento segunt aqui es escrito:

a	iii	f	iiii°	m	xxiii	s	ix
b	iii	g	vii	n	xv	t	viii°
c	xxiiii°	h	vi	o	viii°	v	v
d.	xxiiii°	i	xv	p	xiii	x	xvi
e	xxv	k	xv	q	xiii	y	iii
		l	xii	rr	xvi	z	iiii°

N.

1 Este ... lid. *om. LN*. 2 Cap ... uno *om. N*. 3 et 1.° y 2.°]a *N*. 4 et 1.° y 2.°]a *N*.

.vi. uençen al uno; vno *et* .v., el uno uençe a los çinco; vno *et* quatro, los quatro uençen al uno; vno *et* tres, el uno uençe a los tres; vno *et* dos, los dos uençen al uno; vno *et* uno, el que demanda uençe al otro.

Capitulo de dos. 5

Dos *et* .ix., los nueue uençen a los dos; dos *et* ocho, los dos uençen a los ocho; dos *et* siete, los siete uençen a los dos; dos *et* seys, los dos uençen a los seys; dos *et* çinco, los .v. uençen a los dos; dos *et* quatro, los quatro son uençidos de los dos; dos *et* tres, los tres uençen a los dos; dos *et* dos, el que demanda uençe al otro. 10

Capitulo de tres.

Tres *et* nueue, los tres uençen a los nueue; tres *et* ocho, los ocho
M, 17 *d* uençen a los tres; tres *et* siete, los tres uencen a los .vii.; tres *et* seys, los .vi. uençen a los tres; tres *et* çinco, los tres uencen a los cinco; tres *et* quatro, los quatro uençen a los tres; tres *et* tres, el que 15 demanda uençe al otro.

Capitulo de .iiii.

Quatro *et* .ix., los .ix. uençen a los quatro; quatro *et* ocho, los quatro uençen a los ocho; quatro *et* .vii., los .vii. uençen a los quatro; quatro *et* .vi., los quatro uençen a los .vi.; quatro *et* .v., los .v. uencen 20 a los quatro; quatro *et* quatro, el que demanda uençe.

Capitulo de .v.

Cinco *et* .ix., los çinco uençen a los .ix.; çinco *et* ocho, los ocho uencen a los .v.; çinco *et* siete, los .v. uençen a los .vii.; cinco *et* .vi., los .vi. uençen a los çinco; çinco et .v., el que demanda uençe al otro. 25

1 et *1.º y 2.º*]a *N*. 3 que dem.]demandador *N*. 5 Título om. *MN*. 6 *Comienza este capitulo con muchos errores y después repite L* ‖ .ix. *escrito entre líneas en letra posterior encima de* dos *M*. 9 los *1.º ... dos*]los dos uencen a los .iiii. *LN*. 10 al otro]a aquel ques demandado *L*. 11 Título om. *MN*. 12 Tres et nueue]Nuef y tres *L*. 16 demada *M*. 17 de .iiii. om. *M* ‖ Título om. *N*. 21 el ... uence]al que demandan uençe el demandador *L* ‖ demannda *M* ‖ uençe + al otro *N*. 22 de .v. om. *M* ‖ Título om. *N*. 25 al otro *om. M*.

Capitulo de .vi.

Seys *et* .ix., los .ix. uençen a los .vi.; seys *et* ocho, los .vi. uen- M, 18 *a*
çen a los ocho; seys *et* .vii., los .vii. uencen a los .vi.; seys *et* .vi.,
el que demanda uençe.

5 *Capitulo de .vii.*

Siete *et* .ix., los .ix. uençen a los .vii.; siete y ocho, los ocho vençen a los siete; siete *et* siete, el que demanda uençe al otro.

Capitulo de .viii.

Ocho *et* .ix., los .ix. uencen a los ocho; ocho *et* .viii., el que de-
10 manda uençe al otro.

Capitulo de .ix.

Nueue *et* .ix., el que demanda uençe al otro.

Esta es la figura desta cuenta que dixiemos por que se deue contar.

.

1 *Titulo om. MN.* 2 seys et ocho].viii. e .vi. *L.* 3 seys *1.°* y *2.°*]sex *L.*
4 el ... uençe]al que demandan uençe el demandador *L* ‖ uençe + al otro *N.*
5 *Titulo om. MN.* 6 los *1.°* ... .vii.]los siete vençen a los nueue *N* ‖ siete ...
7 siete *1.°*]siete e .viii., los .vii. uençen a los .viii. *L, om. M.* 8 *Titulo om. MN.*
11 *Titulo om. MN.* 12 el que demanda]el demandador *L.* 13 Esta ... contar]
Destas figuras sobre dichas que diximos desta cuenta es via de saber qual vençera. Los signos son repartidos en quatro partes, los tres de fuego y los tres de
ayre, y los tres de agua, y los tres de tierra. Aries, fuego; taurus, tierra; geminis, ayre; cançer, agua; leo, fuego; virgo, tierra; libra, ayre; escorpius, agua;
sagitario, fuego; capicarnio, tierra; acario, ayre; picis, agua.
 Leo, su planeta es el sol. Mares tiene dos signos: aries y escorpius. Jupiter
tiene dos signos: sagitario y piçis. Saturno tiene dos signos: capicornio y acario. Luna tiene vn signo que es cançer. Mercurio tiene dos signos: geminis y
virgo. Venus tiene dos signos: taurus y libra.
 Los doze signos se reparten en esta manera en las siete planetas: el sol resçibe vn signo segunt es dicho; la luna resçibe otro signo asy mesmo, y las otras
çinco planetas resçiben cada dos signos segunt es dicho; y asy son doze en siete.
 Los sabidores dexaron escrito que las estrellas en los çielos do estan son
animadas de los çielos. E asy como nuestros cuerpos non pueden fazer cosa alguna syn las animas, asy los çielos non pueden obrar syn ellas todo por mouimiento del Mouedor, Sennor Dios que los crio y ordeno por marauillosa orde-
naçion para la administracion deste mundo, ca El es Sennor y Fazedor de to-

Capitulo de las fechuras de los omnes.

Alexandre, por que fue la sapiencia de facionia de las sçiençias ondradas *et* pensadas, conuiene uos de saber esta sçiencia *et* de meter en ella mientes pora los om*n*es que auedes mester que uos siruan; e

M, 18 *b* por eso toue por bien | de poner en este capitolo de las sennales de 5 la facionia lo que se aueriguo della a my *et* a otros que fueron ante que yo, *et* toda uia lo fallaron por prueua uerdadera *et* que es uerdat.

Ya sopiestes que la madre de la madre es a la criatura atal commo es la olla a lo que cuezen en ella. Las complexiones son diuersas segunt las maneras, *et* las naturas contrarias ssegunt el yuntamiento. 10 Onde sabet que el que es muy aluo *et* muy ruuio, *et* demas zarco, es sennal de desuergonçado, *et* de traydor, *et* de fornicioso *et* de poco seso. *Et* podedes esto entender en los çiclaues, que son de tal facion que todos son locos, *et* traydores *et* desuergonçados. Pues guardat uos

M, 18 *c* de cada uno ruuio *et* zarco, | *et* si ouiere con esto la fruente mucho 15 ancha, *et* la baruiella pequenna, *et* las mexiellas grandes, *et* el cuerpo roxo, *et* cabellos muchos en la cabeça, guardat uos del commo uos guardariedes de la biuora mortal.

Otrosi en los oios a sennales que non mienten, de guysa que pue-

das las cosas segunt su poderio absoluto para fazer y mandar, bendito sea El por syenpre, amen.

El dia del lunes en la primera ora y octaua y quinzena y veynte y dos es su sennor la luna, y asy por este modo todas las otras planetas han poder de estar cada vna en el dia que le es limitado. Asy conosçeres los comienços de los dias y de las noches quales son las oras buenas, comunales o malas.

Sol es bueno y es a los reyes y a los sennores; luna es comunal; Mares es malo, cruel de sangre; Mercurio es comunal, convertible bueno con bueno y malo con malo; Jupiter es bueno mucho y abondoso, quiere bien a los buenos y aborresçe a los malos; Venus es comunal sobre gozo, y alegria, y bodas, y tanneres y lo semejante; Saturno es perezoso y pesado y triste; y Dios es sobre todas las cosas, desfazedor de los males y fazedor de los bienes, loado sea su nonbre para syenpre jamas, amen. *N* || es *post* fig. *L* || se deue]deuemos *L*. 1 Título *om*. *N*. 2 fue la]fuesse *L* || fac.]figura *L*, racionia *N* || sci.]sententias *L*. 3 pen. + et *M* || de *1.°*]a *L* || sçi.]sem. ... *L*. 4 por *L* || sieruan *L*. 5 poner]punnar *M* || cap.]libro *N* || senales *M*. 6 fac.]figura *L*, racionia *N* || auerigo *L*, aluergo *N* || a my]contra mi *L* || a otr.]contra otros muchos *L*. 7 lo + que *N* || que *om*. *L* || uer. + Alexandre *L*. 8 es la cri. *it*. *L* || a *om*. *LN* || tal *L*. 9 es *om*. *L* || a *om*. *L* || ella + e *L*. 10 contrallosas *L*, *om*. *N* || yun.]aiuntamiento *LN*. 11 muy *1.°*]mucho *L*. 12 senal *M* || des.]uerguençoso *L* || fornidoso *L*. 13 podes *N* || los çiclanes *N*, las claues *L* || que]e *L*. 14 desuerguençosos *L*. 15 un *L* || ouiessa *L* || con + tod *L* || mucho]muy *L*. 16 gra.]anchas *L*. 17 roxo]ruuio *L* || et + los *L,*, ... cabeça *om*. *N* || cab.]fruent *L* || uos gua. *om*. *L*. 18 la *om*. *L* || mor. + Capitulo de los oyos *L*. 19 Otr. *om*. *L* || sennas *L* || de guy. *om*. *N* || que + non *L*.

62

de omne entender en ellos el plazer o la sanna, *et* la bien querençia *et* la mal querençia. El que a los oios zarcos, *et* sin piedad, *et* grandes escuentra fuera es embidioso, *et* perezoso, *et* desuergonçado, *et* non puede omne ser seguro del. *Et* el que a los oios tenprados, ni muy
5 grandes ni muy pequennos, *et* entrados contra dentro *et* negros es despierto *et* entendido, *et* ama lealtad. *Et* si fueren tendidos con longura del rostro, muestra que es engannoso. El que a los oios que semeian oios de las ¹ bestias aterecidos *et* de poco mouimiento *et* amorteçidos en catar es engannoso, *et* ladron, *et* traydor *et* uagaroso. El que   M, 18 *d*
10 ouiere los oios uermeios es esforçado *et* entremetido. *Et* si ouiere enderredor de los oios gotas amariellas, es el peor que puede seer en el mundo.

Alexandre, quando uieredes el omne que mucho uos cata, *et* catades le *et* a uerguença de uos, *et* pareçe en el commo omne que rie
15 sin su grado *et* commo quel lloran los oios, sabet que uos ama *et* que uos teme, *et* mayor miente ssy ouiere en ellos sennales de los buenos oios que nombramos ante. *Et* si lo cataredes el uieredes sin uerguença de uos *et* sin miedo, sabet que es enuidioso, *et* que uos non teme, *et* que uos preçia poco, *et* non ¹ seades seguro del. *Et* guardat uos de   M, 19 *a*
20 todo omne menguado assy commo de uuestro enemigo.

El que a los cabellos blandos muestra que a el celebro frio, *et* que es couarte *et* de poco entendimiento. El que a muchos cabellos sobre los pechos *et* en el uientre muestra poco entendimiento, *et* que es de natura saluage, *et* que ama el tuerto. El que a los cabellos ru-
25 uios muestra locura *et* que se ensanna ayna. El que a los cabellos negros es sesudo *et* ama iusticia, *et* el que los a medianedos destos es tenprado.

El que a en las sobreceijas muchos cabellos es de gruessa palabra, *et* muestra que es torpe. *Et* el que a las sobreçeijas fata los adalares

---

1 en ellos *om.* N ‖ o]e L. 2 pie.]peçedad L. 3 es *om.* LN ‖ desuerguençoso L ‖ desu. et *om.* N ‖ et *3.º om.* L. 5 et *1.º om.* N ‖ dientro L. 6 entendudo L. 7 eng. + y N ‖ El que ... 9 eng. *om.* L ‖ que *3.º om.* N. 9 uag.]mentiroso e N. 10 entremetudo L ‖ end.]aderredor L. 11 el *om.* N ‖ pue.]podria L ‖ en ... mun. *om.* L. 13 ueredes L. 14 et a]en L ‖ et *2.º om.* M ‖ rie]cate L. 16 maor miente L ‖ oviera N ‖ en ellos]las L ‖ senales M. 17 ante nombramos LN ‖ si ... uie.]si uos catare el e sil metedes L. 18 que *2.º* ... teme et *ante* que *1.º* N ‖ non uos L. 19 Et]Alexandre L ‖ de]del N. 20 de]uos guardariedes de todo L ‖ ene. + *título:* Capitulo de [los cabellos?] L. 21 El que a *om.* L ‖ muestran L ‖ a]es L. 22 que *1.º om.* L ‖ ent.]engannamiento y N ‖ mucho cabello L. 23 et *1.º om.* M. 24 nat.]materia L tue. + y N. 25 loc. + e mucha sanna L ‖ ayna *ante* se L, + y N. 26 et *2.º om.* L ‖ los *om.* N ‖ medianos L ‖ desto L. 27 ten. + *título:* Capitulo de las sobrecejas L. 28 en *om.* L ‖ soberceijas M, + de muchos de L ‖ es *om.* L ‖ de ... pal, *post* 29 et *2.º* L. 29 et *1.º om.* L ‖ aladares N.

M, 19 b es desdennoso. Et el que las a delgadas *et* agudas en ancho *et* en luengo et negras es agudo *et* entendido.

El que a la nariz delgada ama baraija, e quien la a luenga de guysa que llegue a la boca es esforçado, *et* el que es romo es cobdicioso. El que a los forados de las narizes mucho anchos es sannudo. *Et* el que a la nariz gorda en medio *et* roma es mintroso *et* parlero. El que a la nariz mas tenprada, ny muy luenga ni muy gorda, *et* las finiestras eguales es sesudo *et* entendido.

Et el que a la fruente ancha *et* non la a encogida muestra que ama baraija *et* gresgo, *et* que es desdennoso *et* engreydo. *Et* quien la a temprada en ancho *et* en luengo *et* arrugada es uerdadero, *et* amado, *et* sabio, *et* entendido, *et* despierto, *et* agudo *et* engannoso.

El que a la boca ancha es esforçado.

M, 19 c El que a los labros gruesos es loco *et* de gruesso entendimiento. El qui los a temprados, ny muy gruessos ny muy delgados, *et* muy uermeios es tenprado en todos sos fechos.

El que a los dientes contra fuera tirados *et* muy iuntos es engannoso *et* mannoso, *et* non es omne seguro del. *Et* el que los a eguales *et* ralos *et* los delanteros abiertos es sesudo, *et* fiel *et* ordenador, *et* es omne seguro del.

El que a la cara gruessa *et* ancha es torpe *et* de gruessa natura. El que la a magra *et* amariella es engannoso *et* artero *et* sannudo. El que la a luenga es desuergonçado.

El que a las sienes anchas *et* las uenas dellas es sannudo.

El que a las oreias grandes es torpe *et* retenedor de lo que oye,

M, 19 d *et* quien a las oreias muy pequennas es loco.

El que a la uoz gruessa es esforçado, *et* uerdadero *et* ordenador. *Et*

---

1 el *om. M* ‖ las]la *L* ‖ delgada *L* ‖ agu.]egual *L*. 2 et *1.º om. M* ‖ negra *L* ‖ entendudo *L*, + *título* Capitulo de la nariz *L*. 3 e quien]el que *LN* ‖ la a]ha la nariz *L*. 4 llega *L* ‖ que es *om. L* ‖ cob. + y *N*. 5 los ... narizes]la nariz los forados della *N*. 6 romo *L* ‖ par. + y *N*. 8 ent. + *título* Capitulo de la fruent *L*. 9 Et *om. LN* ‖ engordada *N* ‖ muestra *L*. 10 griesgo *L*, riesgo *N* ‖ que *om. L* ‖ encreudo *L* ‖ Et quien]el qui *L*. 11 amador *L*. 12 entendudo *passim L* ‖ eng. + *título* Capitulo de la boca *L*. 13 esf. + *título* Capitulo de los labios *L*, y *N*. 14 labrios *N* ‖ ent. + y *N*. 15 ny *1.º* ... delg. *om. N* ‖ et *cambiado en* nin *L*. 16 fech. + *título* Capitulo de los dientes *L*. 17 tirados *om. L* ‖ iuntados *L*. 18 manso *LN* ‖ et ... del *om. L* ‖ el que]quien *N*. 19 et ordenador *om. N*. 20 del + *título* Capitulo de la fechura de la cara *L*. 21 gruessa et *om. N* ‖ ancha]enchida *L* ‖ nat. + et *LN*. 22 a la + cara *L* ‖ engenioso *N* ‖ El ... *24* sann. *om. N*. 23 a la + cara *L* ‖ desu. + *título* Capitulo de las sienes *L*. 24 anch.]enchida *L* ‖ et las]de *L* ‖ dellas *om. L* ‖ sanudo *M*, + *título* Capitulo de las oreias *L*. 25 et]mas es *L* ‖ oyen *L*. 26 et quien]el qui *L*, y el que *N* ‖ loco + *título* Capitulo de la ... *L*. 27 Et quien]el que *L*.

64

quien a la uoz tenprada, entre gruessa *et* delgada, *et* entre uagarosa *et* apressurada, es sesudo *et* uerdadero: *et* quien la a delgada *et* apressurada es desuergonçado *et* torpe *et* mintroso. *Et* quien a la uoz mugeriega es embidioso *et* artero, *et* quien a la boz clara et fermosa es loco, *et* de poco entendimiento *et* de grant coraçon.

El que a el pescueço luengo *et* delgado es loco, *et* couarde et
5 bozebrero. *Et* si ouiere con esto la cabeça pequenna sera mas loco *et* mas sin recabdo. *Et* quien a el pescueço gordo es torpe *et* muy comedor.

El que a el uientre grant es loco *et* torpe *et* couarde. El que a el uientre delgado *et* los pechos angostos es de buen seso, *et* de buen   M, 20 *a*
10 conseio *et* de buen entendimiento.

El que a los onbros anchos es esforçado *et* de poco seso, *et* quien a el espinazo encogido es brauo *et* sannudo. *Et* quien a el espinazo derecho *et* egual es buena sennal. El que a los onbros altos es de mala uoluntad e desuergonçado.
15 El que a los braços luengos fasta que lleguen a la rodiella es franco *et* noble *et* de grand coraçon. El que los a muy cortos es couarde *et* ama baraija.

El que a la palma luenga *et* los dedos luengos faze bien todos sos fechos *et* bien apuestos. *Et* el que la a blanca *et* apuesta es sabio *et*
20 de buen entendimiento. *Et* el que la a muy corta es loco.

El que a las piernas gruessas *et* los corueiones gruessos a el cuerpo fuer⊥te, mas es torpe. El que a el pie gruesso *et* pequenno mues-   M. 20 *b*
tra que es de poco entendimiento. El qui a el corbeijon delgado es couarde, *et* el quil a gruesso es esforçado.
25 El que es castrado por mano de omne es sannudo, *et* loco *et* acordado. *Et* el que nacio castrado non abra barba, *et* es peyor que el otro

---

1 et 2.º *om. L*. 2 apr. 1.º]pressurada *L*. 3 et torpe *om. M* ‖ mintroso + el que ha la uoz gruessa es sannudo e de malas man*e*ras *L* ‖ Et quien]el que *L*. 4 et quien]el que *L* ‖ la a *L* ‖ boz *om. L*. 5 cor. + *título* Capitulo del pescueço *L*. 7 bozinglero *N* ‖ la *om. L*. 8 Et quien]El que *L*. 9 com.]amador *N*, + *título* Capitulo del uientre ... *L*. 10 torpe e loco *L* ‖ El que]y quien *N*. 11 et 2.º ... cons. *post* 5 enten. *N*. 12 et ... enten. *om. L* ‖ cons. + *título*: Capitulo del espinazo [e] de los ombros *L*. 13 a + el espinazo *L* ‖ et quien] el qui *L*. 14 Et quien]El qui *L*. 15 es + de *N* ‖ senal *M* ‖ El que]y quien *N*. 16 desu. + *título* Capitulo de los braços *L*. 17 que 2.º ... a *om. N* ‖ llege *L*. 18 grand]buen *N* ‖ cor. + y *N* ‖ cortas *L*. 19 bar.]uaraia + *título* Capitulo de la palma *L*. 20 sos *om. N*. 21 fech.]menesteres *L* ‖ apuesto *MN* ‖ Et *om. L*. 22 muy *om. L* ‖ loco + *título* Capitulo del pie *L*. 23 El ... torpe *post* 26 esfor. *bajo el título* Capitulo de las piernas *L*. 25 El]*Et M* ‖ qui] que *LN*. 26 esf. + *título* Capitulo de los castrados *L*. 27 sanudo *M* ‖ et aco. *om. N* ‖ aco.]torcado *L*. 28 aura + iamas *L* ‖ barbas *L* ‖ peor + por ello *L* ‖ otro + *título* Capitulo del fermoso *L*.

El que es neruioso es de mal talent, *et* embidioso *et* mal auenturado en todos sus fechos.

El que ha los passos anchos *et* uagarosos es auenturado en todos sus fechos *et* piensa toda uia en lo quel a de uenir. El que a los passos pequennos *et* apressurados es sannudo, *et* de mala uolutad *et* apressurado, *et* non faze bien ninguna cosa.

El que a la carne humida *et* blanca, *et* que non sea muy blanco ny muy gruesso, ny muy luengo ny muy pequenno, *et* que sea albo
M, 20 c contra uermeio, *et* que aya el rostro derecho, et los cabellos tenprados, *et* de color doro, *et* de buenos oios negros, *et* entrados contra dentro, *et* la cabeça temprada, *et* el pescueço derecho *et* egual, *et* que non aya carne sobre el espinazo ny en los quadriles, *et* que aya la uoz clara, *et* la palma blanda, *et* los dedos luengos, *et* que sea de poca fabla *et* de poco reyr si non dol fuere mester, *et* que tire su natura contra malenconia *et* colera, *et* que aya catadura risuenna, *et* que sea ledo, *et* que non aya grant cobdicia del auer ageno, nin quiera mandar nin uedar mucho—esta es la meior figura que Dios fizo, *et* tal quiero pora uostra conpanna.

Pues punnat quanto pudieredes en auer om*n*es desta figura, *et*
M, 20 d barataredes muy bien, *et* seredes bien auenturado; *et* sabet que el sennor mas a mesteyr los om*n*es que los om*n*es a el. Pues punnat en los escoger pora uos, *et* entended estas sennales que uos dixiemos con u*ues*tra conoçencia uerdadera *et* u*ues*tro entendimiento agudo *et* u*ues*tro catamiento çierto, *et* toda uia uos fallaredes ende bien, si Dios quisiere.

Capítulo del ordenamiento bueno en pensar del cuerpo.

Alexandre, por que el cuerpo es feneçido *et* uiene en el mucho

---

1 ner.]ernioso *M*, fermoso *L*. 2 fechos + *título* Capitulo de los passos anchos *L*. 3 El ... 4 fechos *om*. *M* ‖ auenturados *L*. 4 quel]que *LN*. 5 apr.] pressurados *L*. 6 apr.]pressurado *L* ‖ cosa + *título* Capitulo de la figura buena sobrada [?] e [?] ... natura e del sabio e del entendudo *L*. 7 blanda *N* ‖ *et 2.º om. N* ‖ que *om. L* ‖ blando *N*]delgado *L*. 8 ny ... grue. *om. L*. 10 de *2.º om. N* ‖ entirados *M*. 13 clara + y temprada *L* ‖ lue. + e contra delgados *L*. 14 mes. + mucho *L*. 15 col., et]con ella *M* ‖ aya]ha *L* ‖ rrifana *M*. 16 del auer]de lo *L*. 17 mucho + Alexandre *L* ‖ Dios + nunqua *L*. 18 tal + como este *N*. 19 omnes desta]tal *L*, onbres de tal *N*. 20 baratares *N*, + y *L* ‖ seres + muy *N*. 21 mes. + a *L*. 22 escoger los *L* ‖ entender *M* ‖ dezimos *N*. 23 et + con *L* ‖ agu ... cata. *om. N*. 24 ende *om. L*. 26 ord.] entendimiento *N*. 27 es ante el *L* ‖ uiene en el]uienel *L*.

danno con las humores diuersas que a en el, toue por bien de meter
en este tractado cosas estrannas de poridades de fisica *et* de su hor-
denamiento, que quando uos las entendieredes *et* las fizieredes, es- M, 21 *a*
cusaredes el fisico, que no esta bien a om*n*e de mostrar quantos ma-
5 les le acaescen a todos los fisicos. Pues quando sopieredes este ordenamiento, escusaredes el fisico si non en cosas que uienen de tienpo
a tie*n*po que non podredes escusar por guisa del mundo.

Conuiene uos que quando uos leuantaredes de dormir, que andedes un poco, *et* que estendades los mienbros estendimiento egual, *et*
10 que peynnedes la cabeça, que el andar fazer uos a meior comer, *et* el
estender de los mienbros fazer uos a mas fuerte, *et* el peynnar fara
salir los baffos que suben a la cabeça del estomago quando duerme
el om*n*e. *Et* lauat uos en tie*n*po de uerano en agua fria, *et* esforçar
uos a el cuerpo *et* guardar uos a la calentura natural, *et* conbredes M, 21 *b*
15 meior por ello. *Et* uestid pannos limpios *et* aguisat uos lo mas apuesto que uos pudieredes, que u*ues*tra alma se alegrara con ello *et* esforçar se a u*ues*tra natura. *Et* fregat u*ues*tros dientes con corteza de
arbol amargo *et* aspera, *et* fazer uos a grant pro, *et* alinpiar uos a
los dientes *et* la boca, *et* echaredes la flema, *et* fazer uos a la lengua
20 escorrecha *et* la uoz clara, *et* dar uos a sabor de comer. *Et* echat en
la nariz poluos pora purgar la cabeça segunt perteneçe al tienpo en
que fueredes, *et* fazer uos a muy grant pro en abrir las carreras çe-
rradas del celebro, *et* esforçara la cara *et* los sentidos, *et* fazer uos
a tardar las canas.

25 *Et* usat cosas que huelan bien segun perteneçe al tienpo en que M, 21 *c*
estades; assy cada tienpo, que la buena olor gouierno es del a*n*ima
espiritual, *et* con ello se esfuerça; *et* quando se esfuerça el a*n*ima, es-

---

1 las]la *M* ‖ toue ... en]... conuien a *L*. 2 cos.]todas diuersas y *N* ‖ de
1.º om. N ‖ sus ordenamientos *L*, + y *N*. 3 et *om. L*. 4 el]al *L* ‖ a omne
om. L ‖ omne]ordenamiento *N* ‖ de demonstrar *L*. 5 le *om. L* ‖ los *om. L*.
6 en]de *LN* ‖ uie.]acaescan *L*. 7 non]nol *L* ‖ podades *N* ‖ guisa]cosa *N* ‖
mun. + Elexandre *L*, + *título* Capitulo de las reglas que onbre deue fazer
en sy en todos tienpos *N*. 9 estendigedes *L* ‖ los]uuestros *L* ‖ mienbros +
en *L* ‖ est. egual *om. N*. 10 el est.]estendimiento *L*. 11 a + mejor comer y el
estender *N* ‖ fuertes *L* ‖ fara + uos *N*. 12 sallir *LN* ‖ bahos *N*, cabellos *L*.
13 lauaros *post* verano *N* ‖ en tie. de]las manos en *N* ‖ de]del *L* ‖ en *2.º*]con
L. 14 calor *N*. 15 agui.]guisad *L*. 16 uos *om. LN* ‖ que *2.º*]ca *L* ‖ aleg.
con]gozara pora *L*. 17 uuestros]los *L*. 18 et *3.º*]en *L* ‖ uos a *2.º om. L*.
19 et *1.º om. L* ‖ echara *L* ‖ flegma *L*. 20 escolecha *N*. 21 pert. al]fuere el
N. 22 muy *om. L* ‖ en abrir]e abrira *L*. 23 esforçar vos ha *N*, enforçara *L*.
25 usat]buscad *N* ‖ cosa *L* ‖ huela *L* ‖ al]el *L*. 26 estades + y *N* ‖ que]ca
L ‖ la buena]buen *L*. 27 et *2.º* ... esf. *om. N*.

fuerças el coraçon *et* alegras el coraçon, *et* corre la sangre por las uenas con alegria del coraçon.

Et prendet cadal dia del lectuario del ligno aloe *et* del ruybarbaro, que a en el muy grant pro, *et* faze tirar la flema de la boca dei estomago, *et* faze la echar, *et* da sabor de comer, *et* enciende la calentura, *et* mueue la uentosidat, *et* faze buen sabor en la boca.

Et depues desto ueet u*ue*stros ricos omnes, *et* fablat con ellos, *et* solazat uos con ellos, *et* co*n*plit quanto uos conuiene de fazer de u*ue*stras cosas.

M, 21 d   *Et* quando uos uiniere uoluntad de comer a la ora que lo auedes usado, fazet trabaiar u*ue*stros mienbros con caualgar *et* con luchar, *et* con saltar *et* con tales cosas, que son cosas que uos faran grand pro, *et* tuellen la uentosidat, *et* alegran el cuerpo, *et* esfuerçan lo *et* enxuganlo, *et* e*n*çiende la calentura del estomago, *et* desliense los malos humores, *et* uiene la uianda sobre la calentura acendida del estomago.

Et trayan uos muchos conduchos adobados de muchas guysas, *et* comet de qual ouieredes mayor sabor *et* mayor uoluntad de comer. Et que sea el pan que comieredes bien liebdo *et* bien cocho. Et adelantad lo que ouieredes a adelantar de la uianda, *et* tardat lo que deuedes; assy commo si ouiessedes de comer uianda que lexa *et*

M, 22 a   otra que estri*n*ne, *et* si primero comieredes la que lexa *et* depues la que estri*n*ne, fallar uos edes ende bien; *et* si lo fizieredes dotra guisa, da*n*nar se uos a la uianda en el estomago. Otrosi si ouieredes de comer una uegada uianda que se muela ayna *et* otrosi que se muela tarde, conuiene uos de adelantar el que es refez de moler depues el otro, por que es el fondon del estomago mas calient *et* mas fuerte *et* muele la uianda en el mas ayna por que a en el mas carne *et* es mas çerca

---

1 alegran *L*, ... cora.]conortase *N* ‖ et 2.º ... 2 cor. *om. L*. 3 cada *LN* ‖ lig. al.]linoal *N* ‖ del *om. L* ‖ rio barbo *L*, ruy baruo *N*. 4 en el muy]tan *N* ‖ muy *om. L* ‖ flegma *L* ‖ boca + et **M**. 5 da]faze dar *N* ‖ cal. + natural *L*. 6 mueue]tuelle *L* ‖ la *1.º it. L* ‖ faze]da *N*. 8 uos *1.º om. L* ‖ conp. + todo *L* ‖ de + todas *L*. 10 uiniere + en *N* ‖ lo *om. LN*. 12 que ... cos.] dalgun trabajo *L* ‖ uos *om. L* ‖ fara *L*. 13 pro grande *N* ‖ et *1.º*]que *L*, por que *N* ‖ tuelen **M**, tuelle *L* ‖ alegra *L* ‖ esfuerçal *L* ‖ et enx.]en su ganlo *L*. 14 encienden *L*, estiende *N* ‖ desliense]deslie *L*. 15 uienne **M** ‖ acen.] ençendida *N*, e enciende *L* ‖ del]el *L*. 17 cond.]comeres *L*. 18 qual]lo que *N*. 19 que *1.º om. LN* ‖ com.]touieredes *L* ‖ Et *om. L*. 20 a]de *N*, *om. L* ‖ uia.] uida *L*. 21 deu. assy]ouieredes de tardar a tal *L* ‖ assy]atal *N* ‖ ouieredes *LN* ‖ uia. ... lexa]uida laxatiua *L* ‖ lexe *N*. 22 otra]despues la *N* ‖ et *1.º* ... estr. *om. L* ‖ la 2.º]lo **M**. 24 uida *L* ‖ est. + e *N* ‖ de]a *L* ‖ comer + en *L*. 25 una]alguna *N* ‖ uia. *om. L* ‖ ayna ... muela *om. L* ‖ tar. + e *L*. 26 de *1.º*]a *L*, *om. N* ‖ el]la *N* ‖ moler + e *L* ‖ el otro]la otra *N*. 27 es *post* estomago *N* ‖ et ... fuer. *om. N* ‖ mueles la uida *L*. 28 et *om. L* ‖ et es mas *om. N*.

del fígado, que es cozedor con su calentura, *et* sale mas ayna del estomago, *et* uiene la otra uianda a su logar *et* cuezesse. *Et* si adelantaredes el conducho que es fuerte de moler | en el estomago *et*   M, 22 *b*
comieredes depues el otro que es refez de moler, cae el que es fuerte
5 de moler en fondon del estomago, *et* uiene el otro por salir, *et* non puede, *et* dannasse todo el estomago *et* faze grant mal. *Et* conuiene uos que non comades tanto que uos fartades, que con el mucho comer dannasse el estomago *et* tarda el moler. *Et* conuiene uos que uos guardedes de beuer agua mientra que comieredes fasta que lo ayades
10 por uso, que el beuer del agua sobrel comer esfria el estomago, *et* amata la calentura natural *et* danna la uianda en el estomago; *et* esto trae el mayor danno en el cuerpo que puede ser. *Et* si non uos pudieredes escusar por ninguna cosa por calentura del tienpo o por calentura del estomago | o por calentura de las uiandas o por calen-   M, 22 *c*
15 tura de la natura, beuet el agua la mas fria que fallaredes *et* la menos que pudieredes. Et depues que ouieredes comido, andat un poco sobre ropa blanda, *et* echat uos a dormir sobrel lado diestro un rato, *et* depues tornat uos sobrel siniestro *et* conplit u*ues*tro dormir. *Et* el dormir ante de comer enmagreçe el cuerpo *et* seca la humidad,
20 *et* el dormir depues de comer gouierna, *et* esffuerça *et* engruessa.

Et guardat uos de comer otra uegada fasta que sea u*ues*tro estomago bien librado de la otra uianda, *et* entendredes esto en el apetito que auredes con la saliua delgada que uos descendra a la boca; que el que comiere uianda caliente | qual la a mester el cuerpo fallara   M, 22 *d*
25 la calentura natural aterreçida si la recibiere seyendo el estomago desenbargado, *et* si la tomare con apetito, fallara calentura natural açendida commo fuego encendido. *Et* conuiene uos que quando ouieredes apetito de comer, que comades luego, que si lo tardades gouernarsa el estomago de malos humores, *et* descendran a el humores

1 es *it. L* ‖ salle *LN*. 2 uia.]uida *passim L* ‖ cuezese + mas ayna *L* ‖ Et si]otrossi *L* ‖ adelantades *N*, ques adelanta de *L*. 3 et com. *om. L*. 4 de moler *om. L*. 5 por + a *L* ‖ sallir *LN*. 6 todo + en *L* ‖ faz + y *L*. 7 com.] tomedes *M* ‖ fartaredes *N* ‖ con *om. ML*. 8 danna *L*. 9 guar.]tengades *L* ‖ agua *om. L* ‖ que *1.º om. L*. 10 que]ca *L* ‖ del agua *om. L* ‖ sobre *L* ‖ et ... 11 est. *om. LN*. 12 en el]al *L* ‖ que podria seer *ante* al cuerpo *L* ‖ vos non *N*. 13 por ... cosa]del beuer por guisa del mundo *L* ‖ cosa]guisa *N* ‖ por *2.º* + la *N* ‖ por *3.º* + la *N*. 14 por *1.º* + la *LN* ‖ o]et *M* ‖ por *2.º* + la *L*. 15 el]del *L* ‖ fall.]podieredes fallar *N* ‖ et la]lo *L*. 16 podierdes + beued della *L*. 17 rope *M*. 18 sobrel + lado *L* ‖ Et *om. L*. 19 ante]enante *L*. 20 et *1.º om. L,* + con *N* ‖ engruessa e esfuerca *L*. 22 lib.]delibra *L* ‖ esto entendredes *L*. 24 que *1.º*]ca *L* ‖ cal. qual]ante que *L* ‖ a]aya *L*, + de *N*. 25 aterereçida *M*, aterresçida *N*, ardida *L* ‖ si ... 26 si]et quando *L*. 26 tom.]comiere *N* ‖ fallarra + la *L*. 27 aç.]encendida *LN* ‖ enc.]ascondido *M*. 28 tardardes *L* ‖ gouiernar sea *L*. 29 est.]cuerpo *N* ‖ desçendera *N*.

dannados, *et* quando uinier la uianda sobre esto, dannarsa *et* no aura el cuerpo pro della.

Et conuiene uos de meter mucho mientes en los quatro tienpos del anno. Sabet por cierto que el uerano es caliente *et* humido *et* el ayre temprado, *et* creçe en el la sangre, *et* faze en el pro toda cosa temprada de las uiandas, tal commo los pollos *et* las perdizes *et* los hueuos blandos, *et* las lechugas, *et* las çerraijas *et* la leche de las cabras. *Et* no a tiempo en todo el anno tan bueno pora sangrar, *et* pora fazer uentosas, *et* pora tomar melezina *et* pora seguir muger. *Et* todo yerro que acaeçe en este tienpo de sangria o de melezina o de otro melezinamiento puede lo sofrir el cuerpo mas que en otro tienpo.

Depues del uerano uiene el estio, *et* es tienpo calient *et* seco, *et* creçe en el la calentura. *Et* conuiene a om*n*e de guardarse en el de toda cosa calient de las uiandas, *et* de los uinos, *et* de las melezinas *et* de las espeçias, *et* guardarse de comer mucho por amor que non se amate la calentura natural. *Et* deue comer las uiandas frias tal commo carne de bezerro, *et* calabaças con uinagre, et pollos engrossados *et* de la fructa: maçanas agras, *et* çiruelas, *et* milgranas agras y dulçes; *et* guardarse de sangrar *et* de fazer uentosas si non fuere con grant cueyta; nin se trabage mucho, nin siga banno nin mugeres.

Depues desto uiene el octonno, *et* es tienpo frio *et* seco, *et* creçe en el la malenconia. *Et* deue se om*n*e en el guardar de toda uianda que sea fria *et* seca, *et* deue comer las uiandas calientes *et* humidas tal commo los pollos, *et* los corderos, *et* las uuas dulçes, *et* el uino nueuo. *Et* partasse de toda cosa que faga malenconia *et* trabagesse en este tienpo mas que en el estio, *et* siga mas el banno, *et* las melezinas *et* pleyto de mugeres.

Depues desto uiene el ynuierno, *et* es tienpo frio *et* umido, *et*

---

1 dannadas *L,* dannosos *N* ‖ uinier]viene *N*. 2 dello *N*. 3 de ... mucho] que paredes *L* ‖ mucho *om. N*. 4 por cierto *om. L*. 5 ayre + es *N* ‖ tenplado *N* ‖ la *om. L*. 6 los *1.º*]son *L* ‖ las *om. L*. 8 beno **M**. 9 mugieres *L*. 10 acaesca *L* ‖ o *1.º*]e *L*. 11 lo + meior *L* ‖ mas *om. L* ‖ tienpo + nin en otra sazon. E *L,* + *título:* Capitulo del tienpo del estio como se deue onbre guardar *N*. 13 cal.]colara *L*. 14 calient + e *L*. 15 mocho *L* ‖ por]pos **M**. 16 la vianda *N* ‖ frias]que sea *N*. 17 et calabaças *post* uinagre *L* ‖ et *2.º om.* **M**. 18 mançanas *LN* ‖ agras + y *L,* ‖ agradulces *N*. 19 guarde *L* ‖ sangre *N*. 20 con]por *L* ‖ mug. + e desp. Et *L,* + *título:* Capitulo del tienpo del otonno como se deue onbre guardar *N*. 22 deste *L,* del estio *N* ‖ el *om. L* ‖ otono *L* ‖ et *1.º*]que *L*. 23 guardar en el *L* ‖ toda *om. L*. 24 que sea *om. L*. 25 los *1.º om. N* ‖ el *om. N*. 26 part.]aparte se *L* ‖ faze *L* ‖ melanconia *L* ‖ trab.]trauaie *L*. 27 estiu *L*. 28 et + el *L* ‖ mug. + et *L*. 29 deste *L* ‖ yuierno *L* ‖ et *1.º*]que *L* ‖ es]el **M**.

creçe en el la flema. *Et* deue om*n*e comer uiandas calientes tal commo
los palominos, *et* los carneros annales, *et* las espeçias calientes, *et*
guardarse de la mançon *et* de la sangria si non fuere con grant coyta.
Et faga ante escalentar el ayre, *et* unte el cuerpo con unguientos ca-
5 lientes, *et* entre en tinas te*n*pradas. *Et* non faz mal en este tie*n*po
el grant trabaio, nin pleyto de mugeres, ny el mucho comer, por que
se muele bien lo que om*n*e come en este tie*n*po.

Alexandre, guardat u*u*es*t*ro cuerpo onrrado *et* noble, *et* guardat
la calentura natural quanto pudieredes; que mientra dura en el   M, 23 *d*
10 cuerpo del om*n*e la calentura te*n*prada *et* la humidat te*n*prada con
que se gouierna la calentura, dura la sanidad del cuerpo. *Et* non feneçe el cuerpo si no por dos cosas: la una por uegez natural que
uiene por beuir om*n*e grant tie*n*po, *et* por esto se desata el cuerpo
et danna su fechura; la otra es feneçimiento acçidental que uiene
15 por las enfermedades, *et* por las occasiones, *et* por las malas guardas.

Et por las cosas que se engruessa el cuerpo *et* quel dan humidat
son que se tenga uiçioso *et* folgado; *et* que coma las cosas dulçes *et*
saborosas, *et* las gallinas gruessas con agua *et* sal, *et* que beua la leche caliente commo se ordenna, *et* el uino dulçe; *et* que duerma   M, 24 *a*
20 sobre comer en lecho mollido *et* en logares frios; *et* que se banne
en agua calient, *et* non este mucho en el banno por que non desgaste
el cuerpo la humidad; *et* huela flores que huelan bien segunt perteneçe al tienpo: en el ynuierno tal commo el escomin, *et* es una flor
blanca *et* pequenna; *et* el uerano las rosas *et* las uioletas; *et* camiar
25 cada mes una uegada *et* mayor miente en el uerano, ca el camiar laua

1 flegma *L*, flama *N* ‖ comer]seguir *N*, + las *L* ‖ tal ... 2 esp.]e los figos passados e las nuezes y el uino uermeio hmun e los lectuarios *L*. 2 los pal.] palomas *N* ‖ anna.]anchos *N*. 3 guardes *L* ‖ menazon *L*, menanzon *N* ‖ fueren *L*. 4 Et + non *L* ‖ faga]dexe *N* ‖ aer *L* ‖ unguentos *LN*. 5 en + bannos de *L* ‖ tenprados *L*. 6 el grant *om*. *L* ‖ el *om*. *L*. 7 come *ante* onbre *N* ‖ en *om*. *L* ‖ tie. + *título* Capitulo como deue onbre guardar la calentura natural *N*. 8 uue.]este *L* ‖ noble y ondrado *L*. 9 calental natura a la *L* ‖ que]ca *N* ‖ mentre *L* ‖ durare *L*. 10 cue.]tienpo *N*. 11 se *om*. *L* ‖ gouiernan *N* ‖ sanidadat *L*. 12 el cuerpo *om*. *L* ‖ uegez nat.]uençe natura *L*. 13 esso *L*, ‖ se desata]dessea *L*. 14 dannase *N* ‖ ac.]occidental *M*. 15 las *1.º om*. *L* ‖ enf.]fermedades *L* ‖ et *1.º om*. *N* ‖ las *3.º* ... guar.]los males grandes *L* ‖ guar. + *título* Capitulo de las cosas que engruesan el cuerpo y lo enmagreçen *N*. 16 Et *om*. *N* ‖ se *om*. *LN* ‖ engruessan *LN* ‖ da *M*. 17 so *M* ‖ tengan viçiosos *N* ‖ et *1.º*]ye *om*. *N* ‖ folgando *N* ‖ et que *om*. *N*. 18 et *2.º* + con *L* ‖ et sal *om*. *N* ‖ la *om*. *N*. 19 cal.]cabruna *N* ‖ ordenan *L* ‖ uino]riuo *N* ‖ duerme *N*. 20 liecho *L* ‖ et *1.º om*. *L*. 21 agua]el banno *L* ‖ et + que *L* ‖ non + y *L* ‖ non + se *L*. 22 cue.]banno *MN*, + de *L* ‖ la]su *L* ‖ humida *M* ‖ seg. + que *L*. 23 al]cada *L*, a todo *N* ‖ en ... ynu. *om*. *L* ‖ el esc. et *om*. *L* ‖ et]que *N*. 24 blanda *L* ‖ et *2.º* + en *L* ‖ el]en *N* ‖ camie *L*. 25 mes]uez *MN* ‖ et *om*. *L* ‖ ca el]quel *L*.

el estomago, *et* alimpial de los malos humores *et* de las humidades podridas; et quando menguan estas humidades podridas, esfuerçase
M, 24 *b* la calentura natural a coger los conduchos | en el estomago, *et* engruessa el cuerpo con ello. Et fazer le a pro con este ordenamiento que sea ledo *et* noble, *et* que oya cantar, *et* que uença sus enemigos, 5
et que alcançe lo que cobdiçia, *et* que cate las caras fermosas, *et* que lea los libros que dan a om*n*e sabor, *et* que oya las cosas que fazen reyr, *et* que aya uida con los om*n*es que quiere bien, *et* que se uista bien de muchos colores, *et* que se hunte con los unguentos que perteneçen a cada tiempo. 10

Et las cosas que fazen enmagreçer el cuerpo *et* secarlo son contrarias desto todo, tal commo comer poco *et* beuer poco, *et* lazrar mucho, *et* trabaiar al sol, *et* uelar mucho, *et* dormir ante de comer en lecho duro, *et* bannar se en agua de piedra sufre, *et* comer condu-
M, 24 *c* chos ssalados *et* uina-grados *et* agudos *et* fritos; *et* que beua uino 15
gruesso *et* nueuo; *et* que prenda muchas uezes melezina; *et* que se sangre a menudo; *et* que siga pleyto de mugeres; *et* que piense *et* que cuyde mucho; *et* que aya uida temerosa de muchos cuydados.

El octauo tractado de las uirtudes de las piedras.

El uezahar es nonbre persiano, *et* quiere dezir el que tuelle el 20
mal, *et* el que tiene el alma en el cuerpo. Et es de dos colores: el uno es amariello tal como pedaço de çera, *et* el otro color de dragon pintado commo cuero de culuebra amariello *et* uerde. Este es el meior, et su natura es en tierra dAçin, *et* otros dizen que lo fallan en las fieles de los dragones. *Et* raesse con fierro raedura blanca *et* blan- 25
M, 24 *d* da. *Et* su propiedad | es que faze pro a los que beuen los ueganbres

---

1 las malas *L* ‖ huydades podridades *M*. 2 qua ... podr. *om. L* ‖ huydades *M* ‖ esfueçase *M*. 3 a coger]y cueze *N*. 4 con *1.º*]por *L* ‖ faze la *L* ‖ a pro] por que *L*. 5 uença + a *LN*. 6 que *3.º om. L* ‖ cate + a *L* ‖ carreras *L*, cosas *N*. 7 que *1.º* + fazen e *L* ‖ saber *N* ‖ oyan *N* ‖ fazen + a omne *L*. 9 muchas *LN* ‖ unte + bien *L* ‖ pertenesçe *N*. 11 que *om. L* ‖ el]al *L* ‖ sec.]desatarlo *L* ‖ cont.]peor a les *L*. 12 beuer poco et *post* mucho *1.º L*. 14 en *1.º* + el *L* ‖ liecho *L* ‖ conducho salado *N*. 16 prendan *N*. 18 que *1.º om. N* ‖ tem.]margosa *L* ‖ de]y *N* ‖ cuyd. + e de muchas peneuras *L*. 19 *Título del tratado om. N* ‖ El ... trac. *om. M* ‖ pie. + *título*: Capitulo de la piedra que dizen ueazar *L*, De la piedra que es llamada beahar *N*. 20 ueazar *L*, beahar *N* ‖ persian *L*. 21 el uno ... 22 tal]la una color amariella atal *L*. 22 otra *L*. 23 como + color de *L* ‖ amarella *L* ‖ uerde + e *LN*. 24 et su nat. *om. L* ‖ nat.]manera et *M* ‖ es *entre líneas M* ‖ dAçin]Daan *M* ‖ lo]las *L*, los *N*. 25 raen se *L* ‖ blanda y blanca *N*. 26 los *2.º*]las *L*.

72

tan bien de los animales commo de las yerbas o como de las plantas o de las mi*n*as, *et* uale a los que muerden las bestias brauas *et* a los que fieren; quandol dan dello a beuer molido *et* cernido peso de .xii. granos de trigo, faze estorçer de muerte *et* saca el tosico con sudor
5 del cuerpo *et* cumamento. *Et* qui tiene dello piedra en sortija en su dedo temenle quantos le ueen. *Et* si muelen dello *et* lo ponen sobre el logar o fieren las malas bestias luego quel fieren, tira el tosico del logar contra afuera, *et* si podreçe el logar, guareçelo. *Et* si muelen dello peso de dos granos dordio, *et* lo desataren con agua, *et* lo echa-
10 ren en las bocas de las biuoras *et* de las culuebras, afogar las a M, 25 *a* *et* morran luego. *Et* si lo colgaren del pescueço del ninno, no aura demonio, nin alcançara al quel touiere occasion alguna.

Las girgonças son de tres naturas: uermeijas *et* amariellas *et* cardenas. El que touiere una destas colgada al pescueço o en sortiia *et*
15 entrare en uilla o aya mortandat, non le alcançara della nada. *Et* quien touiere la bermeia en sortija en el dedo, esforçar le a el coraçon, *et* preciar le an mas los om*n*es *et* dubdar le an. *Et* quien fiziere en ella figura de leon *et* el sol en el *et* las planetas mal auenturadas que nol caten, non le uençra ninguno, *et* fara todas sus cosas mas de refez,
20 *et* passara a todo quanto ouiere mesteyr, *et* no aura suenno espan- M, 25 *b* tadizo.

La esmeralda—su uertud es que quien la tiene ondrar le an los om*n*es. *Et* fara quedar dolor del estomago quando la colgaren del pescueço al om*n*e quel llegue al estomago. *Et* faze pro a los malatos
25 quando beuen su raedura. *Et* quien la trae colgada del pescueço o en sortija en el dedo tuelle el demonio si la touiere ante quel uenga.

1 de *1.º*]a *L*. 2 min.]uinnas *L*, minas *N* ‖ ualen *L* ‖ bra.]malas *L*. 3 quando les *N* ‖ dello *post* beuer *N*. 4 tisico *L* ‖ con sudor *post* cuerpo *LN*. 5 et cum. *om. N* ‖ cum.]con comamiento *L* ‖ dello]de la *L* ‖ en *1.º* + su *L* ‖ en su]del *L*. 6 tomen *L* ‖ muele della *L* ‖ lo ponen]ponelo *L* ‖ sob. el]en *N*. 7 fie. *1.º*] fueren *L* ‖ quel fie.]sacan e *L* ‖ tiran *L* ‖ tisico *L*. 8 af.]fuera *LN* ‖ podresciere *L* ‖ guarescerla *L* ‖ muelen]moliere *L*. 9 dello *om. L* ‖ lo *2.º*]la *M*. 10 a]han *L*. 11 morran + con ello *N* ‖ del]al *L* ‖ ninno *ilegible L*. 12 nin + le *N* ‖ nin alc.]nil uerna *L* ‖ alg. + *título:* Capitulo de las girguenças *L*, Capitulo de las piedras girgonças *N*. 13 nat.]maneras *N* ‖ et *1.º om. N*. 14 destas]dellas *LN* ‖ et ent. *om. L*. 15 en + la *N* ‖ Et quien]El que *L*. 16 en el]o en *L*. 17 quien]qui *L*. 18 leon + que cate al occidente il leon *L* ‖ mal]bien *N*. 20 a *om. N* ‖ ouiere + de *N* ‖ aura]uera *L* ‖ esp. + *título* Capitulo al esmeralde *L*, Capitulo de la piedra esmeralda *N*. 22 El esmeralde *L* ‖ quien]el que *L* ‖ ondran le *L* ‖ an *om. L*. 23 quitar *M* ‖ esto. + de guisa *L* ‖ qua. ... 24 esto. *om. N* ‖ del]al *L*. 24 al]del *L* ‖ omne + de guisa *L* ‖ quel]que *L*. 25 beuen + de *L* ‖ quien]el qui *L* ‖ col. *post* pescueço *LN* ‖ del]al *LN*. 26 sort. + o *L* ‖ quel]que *L* ‖ uenga + *título* Capitulo de la piedra delahet *L,* Capitulo de la piedra alinde *N*.

La piedra alhent—esta es tierna *et* luze, *et* a color de culuebra, *et* es de fria natura, *et* non la quema el fuego nil faze mal. Su propiedat es que faze pro a los males que se fazen de grant calentura, de guysa que el que la tiene en la mano siente grant friura, *et* tiene en el toda uia oio *et* non puede partir oio del. *Et* quien tiene una piedra que parezca, preçian le mas los om*n*es, *et* si la touiere om*n*e que quiera lidiar, nol cometra ninguno.

La piedra turquesa precian la mucho toda uia los reyes *et* los grandes om*n*es, *et* auien muchas dellas. *Et* la su propiedat es mayor, que no matan al qui la trae, *et* nunqua la uieron nin la fallaron en sortija de om*n*e que matassen. Quando la muelen *et* la dan a beuer, faze pro al que fiere alacran *et* las malas bestias.

El iaspes es una piedra que om*n*e que la trae non le podran yerbas enpeeçer nin fazer mal ninguno.

Las diamantes son unas piedras ualientes. Su propiedat es que tiran el fierro. El adamant nunqua fizo fierro sennal en el, *et* fiendan la con sangre de cabron.

La piedra anglezia—su propiedat es que el que la trae anda sienpre alegre *et* pagado.

El melozio es bueno pora descobrir furto.

La piedra que dizen elcutropia—su propiedat es que el que la tiene consigo non le puede ueer om*n*e ninguno, *et* faze perder la claridat a la luz.

Sardia faze uenir assy las nuues.

---

1 La ... alh. *om. L* ‖ alh.]de alinde *N* ‖ esta + piedra *L* ‖ luzia *L* ‖ culebras *N*. 2 et es *om. N* ‖ el *om. L* ‖ nil]nin *L* ‖ mal]en ella nada e *L,* + y *N*. 3 se ... de]dan *L*. 4 la 2.º *om. LN* ‖ tienen 2.º *L*. 5 partir + el *LN* ‖ tiene + del *L.* 6 si la]sil *L* ‖ touieren onbres *N*. 7 que]qui *L* ‖ quieran *N* ‖ comete *N* ‖ nin.]ningun omne *L,* + *título* Capitulo de la piedra turquessa *L,* Capitulo de las piedras que llaman turquesas *N*. 8 La]Esta *L* ‖ tur. *om. L* ‖ uia] hora *L*. 9 et *1.º om. L*. 10 no ... trae]el que la troxiere non morra darma nin de colpe ninguno *L* ‖ al qui]a quien *N* ‖ traen *N* ‖ ueran *L* ‖ nin ... fall. *om. L*. 11 sort. + nin en dedo *L* ‖ que mat.]muerto e *L* ‖ muel.]moliessan *L*. 12 faze pro *om. L,* ‖ que]qui *L* ‖ fiere + el *LN* ‖ et ... bes.] o alguna otra bestia mala fazel gran pro *L,* ‖ las *om. N* ‖ *Termina aqui el texto de L* ‖ bes. + *título* Capitulo de la piedra que se llama jaspe *N*. 13 jaspe *N* ‖ que *1.º* + el *N* ‖ trae]tiene *N* ‖ yeruas enpeçer *N*. 14 nin + le *N* ‖ ning. + *título* Capitulo de las piedras que son llamadas diamantes *N*. 16 tir.]tiene *N* ‖ fie. + y en *N* ‖ ada.]diamant *N* ‖ fizo + el *N* ‖ fiendelo *N*. 17 cabron + *título* Capitulo de la piedra englesia *N*. 18 anglesia *N*. 19 pag. + *título* Capitulo de la piedra del melezio *N*. 20 El]E *M* ‖ melezio *N* ‖ fur.] el fruto *N,* + *título* Capitulo de la piedra eleutropia *N*. 21 que dizen *post* eleutropia *N* ‖ es *ante* su *N*. 23 luz + *título* Capitulo de la piedra que dizen sardia + La piedra que dizen *N*. 24 nuues + *título* Capitulo del coral *N*.

El coral—en el logar que es non y fiere rayo, ni al om*n*e que lo trae non le puede empeeçer çelada ninguna ny enganno.

Jacinto es una piedra que se torna de color del dia, *et* el omne que la tiene non dexa en el ardor nin malatia ninguna, *et* es fria por natura.

Margarita es una piedra que se cria con el roçio.

Piropus—non es om*n*e quel pueda deuisar la color, *et* nol pude*n* fallar par de beltad.

Gasten es poquiella, mas mayor que erbeia; *et* pareçe dentro lumbre que semeia estrella. M, 26 *a*

Galantes es blancha como leche. Su propiedat es que la muger que la trae a mucha leche.

Galaçior es una piedra fermosa, *et* es fria de natura *et* non se podrie calentar por fuego ny por calentura ninguna; *et* aman la mucho en el uerano los que andan carrera.

Sulgema echa rayos, *et* da muy grant lu*n*bre, assy que a la lumbre que della sale çenarie un grant conçeijo de noche.

Selenites—este creçe *et* mingua assy commo la luna.

Sendia es una piedra longuiella, *et* es mucho preçiada, *et* suelen la fallar en cabeça de pez. *Et* los que andan en mar entienden en ella si fara buen tienpo o malo.

El meradgues es una piedra negriella. Esta refiere las tempestas que uienen en las nuues. M, 26 *b*

Asençio es una piedra negra *et* pesada, *et* quando la escalientan bien una uegada, dura .vii. dias la calentura que echa.

La piedra dionisia—su propiedat es que el om*n*e que la beue con uino quando es bien molida que nunqua sintra beldez.

---

1 que]do *N* ǁ y om. *N*. 2 trae + consigo *N* ǁ puede emp.]nozira *N* ǁ ning. *post* enganno *N* + *título* Capitulo de la piedra jacinto *N*. 4 maletia *N*. 5 nat. + *título* Capitulo de la piedra malgarita *N*. 6 malgarita *N* ǁ con el]del *N* ǁ roçio + *título* Capitulo de la piedra que dizen syropus *N*. 7 Pir.]Syropus *N* ǁ quel]que la *N* ǁ la]el *N*. 8 de + su *N* ǁ beltad + *título* Capitulo de la piedra que dizen gasten *N*. 9 poq.]pequenna *N* ǁ mas]que non es *N* ǁ erb.] arueja *N* ǁ dentro]de otro *M*. 10 estr. + *título* Capitulo de la piedra selentes *N*. 11 Gal.]Salentes *N*. 12 a]cria *N* ǁ leche + *título* Capitulo de la piedra gallaçior *N*. 13 Gallaçior *N* ǁ de *ante* fria *N*. 14 aman la]amarilla *N*. 15 carr. + *título* Capitulo de la piedra que dizen sulgema *N*. 17 salle *N* ǁ çenara *N* ǁ noche + *título* Capitulo de la piedra que dizen selenitis *N*. 18 Selenitis *N* ǁ esta *N* ǁ luna + *título* Capitulo de la piedra que dizen sendia *N*. 19 Sen.]Sin dia *M* ǁ et 1.° *om*. *N* ǁ mucho]muy *N*. 21 tienpo bueno *N* ǁ malo + *título* Capitulo de la piedra meragus *N*. 22 La meragus *N* ǁ la tempestad *N*. 23 uienen]viene *N* ǁ nuues + *título* Capitulo de la piedra asençio *N*. 24 Asensio *N*: 25 que echa]della *N*, + *título* Capitulo de la piedra dionisia *N*. 27 beudez *N*, + *título* Capitulo de la piedra estantaliçio *N*.

El escantiliçio es bien de sesaenta colores. El omne que lo tiene consigo nunqua morra a yerbas.

El adamant—este asegura todos malos pauores.

Electria es una piedra que es mucho preciada, *et* fallan la en los uientres de los gallos. El omne que la touiesse nunqua serie uençido nin muerto de espada.

Endios echa grant agua *et* fria *et* sabrida.

El cristal echa fuego.

1 estantaliçio *N*. 2 yerbas + *título* Capitulo de la piedra adamante *N*. 3 adamante *N* ǁ aseg.]seguda *M* ǁ pau. + *título* Capitulo de la piedra que dizen eletria *N*. 4 eletria *N* ǁ que es *om. N*. 5 touiere *N* ǁ sera *N*. 6 esp. + *título* Capitulo de la piedra que dizen endros *N*. 7 Endros *N* ǁ sab. + *título* Capitulo de la piedra del cristal *N*.

APENDICES

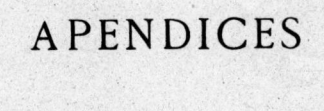

APENDICE I

E conuiene que sea el vuestro alguazil, e que ame vuestra vida, *O* xviii *d*
e que pugne en conplir la vuestra voluntad con cuerpo e con auer en
lo que mandaredes. E conuiene que sea de buen entendimiento, e muy
sabio, e sano de sus mienbros; e que sea de buen entendimiento, e
bien sentido e menbrado; e que sea bien razonado e que non recuda
a quanto le dixeren; e que ¹ non sea desdennoso, e que non sea des- *O* xix *a*
uergonçado, e que sea verdadero, e que ame la verdat, e que ame la
justiçia, e que desame el tuerto, e que non beua vino, e que non se
trabaje de los viçios seglares; e que sea su noche asi commo su dia
en bien fablar e reçebir los onbres, e en pensar e en cuydar, e que
non sea vedada su casa a los que fueren e vinieren a demandar su
consejo. E Alixandre, que el onbre es de mas alta natura que todas
las cosas del mundo, e que non aya manera propia en ninguna criatura de quantas Dios fizo que non las aya en el onbre. El mayor
castigo que vos digo: aperçebid vos que non fagades por que vos
quieran mal los onbres. E castigo vos que non tomedes por alguazil
onbre ruuio e bermejo, nin fiedes de tal onbre, e guardad vos del commo de la biuora de Judea que mataua con el cantar a las gentes; e
quanto mas bermejo e mas ruuio fuere, tanto es peor, e que en estas
fechuras se finca la trayçion e la enbidia, e por fuerça es esto en natura de los onbres, e por esto mato Cayn Abel su hermano.

Conuiene que sean los vuestros escriuanos para escreuir las vuestras cartas e los vuestros preuillejos ¹ escogidos qual es el vuestro *O* xix *b*
seso e el vuestro entendimiento; e los que la vieren la vuestra carta
que de la razon della que fablen los onbres de los bienes dellas en las
sus animas. E los escriuanos son el cuerpo; el anima e el asentamien-
to es la letra; commo deue ser biuo e manso e sesudo, al onbre asi
le conuiene que sean los sus escriuanos, e metan la razon buena, e de
conplida palabra, e la letra fermosa e apuesta que sienpre los reyes se

agabaron e commo es, e pujaron en los altos lugares. E asi commo el vuestro escriuano sabe las vuestras poridades e razonan vos entre los conçejos a vuestra honrra, asi le deuedes gradeçer e honrrar a el e a todas sus cosas, e que le pongades en lugar de vuestros alguaziles, que su pro es con la vuestra e su danno es con el vuestro. E si pudierdes guisar que sea el vuestro escriuano e el vuestro alguazil, sera muy mejor la vuestra fazienda e mas en poridat.

O xix *c* Alixandre, sabedes que el vuestro pueblo es vuestro tesoro e que non se pierde e que ayna cobra, e con el sodes rey. Pues amad, quel vuestro pueblo es huerto, que ay en el | muchas frutas, e que non es commo las mieses que se remueuen cada anno e que las sienbran cada anno. Pues commo preçiades vuestro tesoro que es cosa con que dura el reyno, e asi es cosa que deuedes guardar vuestro pueblo que ninguno non les faga mal nin soberuia. E non sea cogedor mas de vno, e que sea prouado por bueno, e prouar la cosa, e que sea rico, e leal, e non cobdiçioso, e pugnar la de creçer.

APENDICE II

Escorial 8 *r*   Aquest es lo libre que feu Aristotill e enuial Alexandre, e mes li nom "Lo libre de ordenar lo rechne."

Loat sia lo nom de Deu, Senyor de tot lo mon. Miramamoni mana a mi, Johanicy, son seruen, que çerquas el libre della manera de ordonar el regne aquel que feu lo fillosop leyall Aristotill, fill de Phinlons a son dexeblle Alexandre, fill dell rey Phellip, e es nomenat Adulchoran e ab aquest libre e ab conselly de Aristotill feu Allexandre tots los bons feits que feu e enguayar les teres ells regnes e auer senyoria sobre tots los reys e ab son hordonament e el que anch no ixque de son manament e enuihally molts carts en molts maneres 8 *v* quells homens desigen entendre; e entre les altres feu vna | carta enlla qual contradix lo conselly e guaya la terra de Persia e ach en son poder tots los richs homens daquella.

Madrid 37 *b*   *Carta a Aristotil.*

Enuia Alexandre a dir a Aristotil, mestre bo, e justicia leal e saui verdader: Faç uos a saber que trobe en Persia homens sanats denteniment, aguts, e que hauien senyorius sobrels pobles e eren sobre desobediens al rey, *e* aquesta es cosa q*ue* nou molt al regne, *e* vull los tots ociure *e* vull hauer *vostr*e consell.

E Alexandre dix a Aristotil: Dic uos, si poderos sots, quels ociats tots, mas no sots poderos dociure lur *terr*a ni de cambiar lur aer ni lurs aygues, mes haiats los a ben fer, *e* amar uos an de cor, car lo ben feyt uos dara mes lur amor q*ue* no u*os*tra brauea; e sapiats que nols aurets a uostre manam*en*t sino p*er* ueri*t*al *e* p*er* fer be. *E* guardats uos be dels pobl*es* q*ue* no digu*en* mal de uos, e estorçets de lur feyt, car lo poble, tant co*m* pot dir, pot fer.

Qua*n*t vench la carta de resposta a Alexandre, feu Alexandre axi co*m* ell mana, e aq*u*ells de P*er*sia foren mils obediens *e* castigats quels altres ne*n*guns del*es* altres terres.

E dix Joanici aquell qui translata aquest libre:

No lexe temple en tots los temples on estoiare*n* los philosofs los libres de l*es* cos*es* q*ue* no çercas ni hom dorde daq*u*ells que*n* cuydaua que sabessen consellar de ço q*ue* demanaua a qui no o demanas tro que vinc a .i. temple a qui dien Abodexa*n*s que feu Homeret lo major *e* ha obs de si, *e* demane a .i. hermita saui, e preguel tant entro que*m* mostra tots los libres d*e*l temple; e entre ells trobe lo libre que mana Miramomoni çercar, lo libre escrit ab letras daur, e torne m*en* a ell molt alegre *e* molt pagat, e comence*n* ab ajuda de Deu *e* ab aue*n*tura a traladar aq*u*ell de lenguatge de gentils en lati, e de lati en ebraych. *E* la p*r*imera cosa que y era escrita era nota de resposta dAristotil al rey Alexandre, e dix axi:

Resposta.

A uos, fill honrat *e* entes, rey de justicia: viu uostra carta en la qual mostrauets lo pesar que hauiets en pensam*en*t p*er* ço car yo no podia guardar uos, ni anar ab uos, ni *e*sser en uostres consells. E p*r*egas me que fehes libre q*ue* guias en uostres consells cam [!] uos giara yo p*er* mi. Emp*er*o uos sabets que yo nom lexe danar ab uos sino p*er* ço co*m* son vell *e* flac. E ço que*m* demanets es tal co*m* ço q*ue* no pot caber en los cosors vius, majorme*n*t el p*er*gami que es cosa mortal; mas p*er* lo devte q*ue* yo he ab uos, he a co*n*plir uostra uolentat. E coue que no vullats q*ue* yo descobra mes daquests secrets de ço que yo dix en est libre; car tant he dit que fiança e en Deu e en lo uostre bon enteniment que ho entenderets leugerament. Donchs pensats en les paraules e ab la manera que sabets de mi, entendrets ho encontinent. Pero no ensenye tant mos secrets sino per ço que no

37 d caja mon libre, ni caure pusca, en mans de homens de mal seyn e desmesurats que sapien daço que nols pertany ni uolc Deus que y entenesen, car faria tracio gran en descobrir peccat que Deus no mostra.

On conjur a uos, rey, com conjuraren a mi que ho tingats en secret car aquel qui descobre son secret no es segur que mal e dan no lin vingua. E per ço uos faç yo menbrant ço que uos solia dir e uos naujets gran plaer car tot rey del mon no pot escusar esforts del cors dels homens et no pot fer nenguna cosa amaguada menys daço.

E en aquest meu libre son contenguts .viii. tractats. Lo primer tractar [!] es en maneres de part dels reys.

Lo segon es del estat del rey; ensana pau e com deu en si matex fer e en son hauer e en sos ordonamens.

Lo terçer de manera de justicia.

Lo quart es de les justicies e dels escriuans e dels adenantats e dels cauallers e de la manera damar aquells.

Lo quint es dels misatges dels reys.

Lo .vi.ᵉ es del ordonament dels conbatedors.

Lo .vii.ᵉ es del ordonament de les batalles.

Lo .viii.ᵉ es dels sabers amagats danimanies, e de secrets estranys, e de philosofia e de propietats de pedres.

LO PRIMER TRACTAT DELS REYS.

Los reys son de .iiii.ᵉ maneres: la vn es franç per a ssi e franc a
38 a son poble, el altre es franç per a ssi e escans per a son poble, e laltre es escans per a ssi e per a son poble. E dixeren aquells dIndia: aquell qui es escas per a si e per a son poble fa dret, dixeren. E dixeren aquells de Persia contra ells: aquell qui es franç per a son poble e per a ssi fa dret. E tots dixeren que aquell qui es franç per a ssi e escas per a son poble es destruyment de tot lo regne.

Atrestal aquell qui es escas per a si e franç per a son poble, pero ja quant es millor, e pus coue que uos de paor ajats aquestes coses. E quier uos mostrar que es franquea e que es escasea e que es de menys. Dixeren los sauys quels caps de totes les coses son mals els migs bons e la bona fi es loament de ço que es passat.

E dixeren que guardar e aguisar franquea es molt gran cosa, e aguisar la escasea es molt leugera cosa. E dretament es franquea de dar hom ço que coue a aquell qui ho a mester, e aquell a qui o dona quant ho a mester, e quo merex segons lo poder daquell qui o dona. E aquell qui passa aço ix de la regla de franquea e intra en la regla de ajustar. Pero aquell qui dona a aquell que no [!] ha mester, no es mal. E aquell qui dona menys de raho es aytal com aquell qui uesa aygua en la mar. E quell qui dona ço quo ha mester es aytal com aquell qui guarex son enemich contra si. Donchs tot rey qui dona a aquell qui obs ho a en aquella hora que ho a obs e que ho merex, aquell es rey franch per a si e per a son poble, e aquest aytal fa bon feyt, e aquell meteren nom los antich [!] franch. E aquell dona los dons a qui no u | merex aquel es gastador e desfaedor del poble, e la 38 b escasea es nom que no coue a rey; per auentura a esser escas ni gastador, conue li que meta ço que ha a donar en poder dome fel e franç que ho sapia partir e donar.

Alexandre, yo us dich que tot rey que pot entendre son poder e demanar a son poble mes que no pot soferir ociu si e son poble, e dic uos e tots temps uos dix que la franquea el durament dels reys es escusar de despendre los auers dels pobles. E aço dix lo gran home en .i. de sos castichs, quell be conplir per a rey el seyn de sa ley es escusar de pendre hauer de ses gents.

Alexandre, no ocis lo rey Enic si no sa uolentat que mes ama donar que guardar son regne, que ha mester de pendre hauer de sos homens; e per ço leuaren se sobre ell los pobles e fo destruit son regne. E de la franquea es lexar hom que per les taques encubertes qui son en los homens nols deman res ni ho vulla saber, e no vulla que retingua ço que dona, si donchs, a aquell a qui donat sera, no era desconexent del be quel auria feyt son senyor. E uos do guarda del rey neçi.

Alexandre, ja us dix moltes ueguades e ara ho vull dir a uos .i.ª bona raho: sapiats quel seyn es cap de tot bon enteniment e ordonament e endreçament de la anima e espil deles caques [!]. E ab lo sen desprea hom los pensars e onra les coses amades (e) | e es cap deles 38 c coses loades e rayl de les bondats. La primera manera (es) del seyn es voler bon preu; a qui demanats son dret es cosa loada; a qui oltra mesura demana es cosa desordenada, ni esser atorgada de dar.

Lo primer grau de seyn es donchs nominadiu e per lo regne ve amor de nominadia. E si la demana hom sens son dret, ven per ella enueja e ve la mentida. E la mentida es rayl dels mals, e per mentida ue lo mal mesclament, e ue la mal uolença, e ue el tort; e per lo tort ue el departiment e oy; del hoy ue la baralla, e de la baralla ue la enamistat. E la baralla es contraria al juhy e defayl poblat e uenç la natura e la contraria es (es) dan de totes les coses del mon, e quant demanara son sen lo regnador ha son dret, ue de la ueritat e de temor de Deu. E atressi la ueritat es rayl de totes les coses del mon. E per amor de Deu ue justicia e conpanya, e de la conpanya ve franquea, e de la franquea ue solaç e amistat, e de la amistat ue defendiment; e per aço saferma lo juhi e la lig e poblas lo mon. E aço es conuinent a la natura pus que parex e en demanar lo regne axi com deu es cosa loada e durable.

Alexandre, guardats uos de conplir uostres uolentats car ociuran uos, car per conplir hom ses uolentats esdeua natural bestiea, que es cobdicia sens rao, e alegras lo cors quis corromp, e pert la cosa aquella que ha auer fin durable.

AQUEST ES LO SEGON TRACTAT DEL STAT DEL REY COM DEU ESSER EN SI.

38 d   Coue a rey que aia nom senyalat que no conuengua sino a ell. Alexandre, tot rey que fa son regne obedient a la lig, aquell deu regnar. E aquell qui fa lo regne desobedient a la ley, aquell no deu regnar; e aquell qui desama la ley se occiu, segons ço que dixeren los philosofs.

La primera cosa ques coue a tot rey es de guardar tots los manaments de sa lig e que mostre all pobble quell te fermament sa lig, e que la uolentat sacort ab lo feyt; que si la uolentat se desacordaua, no pot esser que Deus els homens no o entenen, e ab aço sera Deus pagat els homens atressi pagats dEll. E coue que onre sos princeps, e aquell qui son loch tendran en ses terres, e sos prelats; e que sia molt noble de cor e sens desdeyn. E que sia de bon seyn e de bona memoria, e que sapia be escodrinyar la ueritat en les coses, e ques guart que li pot uenir en cascuna cosa, e que sia piados, e si fellonia le ue, no la vulla demostrar per fet entro que y aia pensat. E quant li uendra uolentat de fer alguna cosa, coue que la torn ab son seyn, e quel sia senyor de sa uolentat e no la uolentat dell. E quant sesdeuendra en lo dret, que tantost lo faça fer. E que no sia enuejos ni vergonyos ni desdenyos. E ques vista be de bons draps e siga estremat de tots los altres homens, e que siga adaut, e sia de bona paraula,

e que sapia be ço que uolra dir, e que aia la ueu ben alta per ço car
en la ueu alta lenten hom de pus | luyn; e quant uolra menaçar, que 39 a
no parle molt sino quant li sera gran mester e tota hora ab pochs
crits, car gitar grans crits acostar sian los homens a ell e nol prearien
res. E no aia gran companya ab fembra ni ab homens folls e vils; e
per aço dien aquells dIndia que quant lo rey demostra souent al poble que satreuexen a ell e nol prean res. E coue que sesdemostra de
luyn ab companya de cauallers e domens armats. E quant sera sa festa
gran, .i.ª ueguada en layn, dauant tot lo poble parle dauant el .i. homo
bo e enraonat que sia son batle, e graesca a Deu la gracia que al rey
a feta, e digals e consell los que li sien tots obediens e quell los fara
molt de be e molt de plaer, e prengas guarda en tots lurs feyts, e don
los alguna cosa e perdon los de les coses males que feytes auran.
E faça aço .i.ª ueguada en layn e no mes. E quant lo poble ho ueura,
auran bon saber e gran goig e alegria, e crexeran los lurs cors, e
diran en lurs cases cada un a sa conpanya, e amar lan tots, pochs
e grans, e vsar san los mes a amar e a obeyr a ell, e auran lo en
ment en los lurs secrets e en los lurs consells. E per aço sera segur
del leuament dels pobles, e negu no gosara fer en son regne dan.
E coue a rey que aquells qui aporten al logar on ell es les mercaderies
que nols prenguen peatges e quels man be pagar a sos homens de
ço que conpraran e de ço que ells uendran; e quan aço fara, sera sa
uila bastada de totes les coses del mon, e sera ben poblada, e crexera
sa renda; que a les ueguades per donar o per lexar hom poch, guanya |
hom molt. E no vullats riquea que tots sen ua, e ajats riquea al uos- 39 b
tre regne que null temps perdre uos pot, ço es, homens que amen Deu.

E partits uos de les besties males e saluatges que deguasten quant
troben, e non an pietat de res que en lur poder vingua. En aço gitats
uostra uolentat de menjar, ni de dormir, ni de fornicacio ni de baralla.

Alexandre: no vullats seguir fornicacio, car no es manera de bon
hom; e encara es cosa que enuellex lo cors el enflaquex e minua
la uida.

E Alexandre, no lexets dues o tres ueguades en layn que no men-
gen ab uos uostres priuats e uostres homens richs, e que aien ab uos
solaç, e couen uos que honrets aquell qui donrar es, e possat cascu
en loch quil pertangua e quels façats coses per que us amen, e quels
honrets, e quels rahonets be dauant ells e detras ells, e quels donets
que uisten, e sils donats uestidures del uostre, tenir san per honrats
e amar uos nan mes. E aquells qui no donarets .i.ª uegada, dats los
altra, e quels egualets tots. E coue a rey de esser asegurat e que no ria

molt e que si molt riu, nol duptaran tant sos homens. E couen se que aquells que seran dauant ell que sien suaus e que aien paor dell e uergonya. E si algu demostrara desdeyn, quel ne castiguets; e si sera de gran logar, sia son castiguament de guisa que no o faça mes. E si ell fara desdeyn a scient, alonc lo de si lonc temps; despuys si aura feyt lo castiguament e desdenya mes, muyra tan tost. E diu en .i. libre dIndia que entre demanar lo rey al poble e el poble al rey no ha sino atreuiment.

Alexandre: tota uia sapiats donar del uostre ans que us sia demanat, car ço que hom dona ans que nengu ho deman fara durar lo regne, e amen lon mes los homens e Deu.

Alexandre: molt pa aiats tota uia per paor de mals ayns que si pecat mal ayn venia, aurets que donar e que tenir; e ab aço que donarets, minuara lo dan, e durara uostre regne e uostre poble.

Alexandre: prenets uos guarda en uostre afer tòta uia, e sera lo uostre senyoriu el uostre feyt molt be. El millor ordonament que uos puscats hauer es que no ajen paor los bons homens sino tan solament del uostre castiguament, lo qual castiguament aien en temor los homens mals e els mals feytos, en guisa que sia uostra temor en lurs coses e ques cuyden que en qual que loch sien que ajats uos hulls ab que guardets los lurs feyts.

Elexandre: castich uos que, en quant puscats, escusets ociure homens en uostra justicia, e que los presoners no estien longuament en uostra preso; e aleujats moltes de ueus de les penes que fer poriets.

Alexandre: guardats uos que no falla uostra jura ni uostra paraula. Seria despreament de uostra lig e encara mal exempli a uostres homens. E guardats uos de jurar sino per cosa que ajats a complir de tot en tot, que ans sabessets hauer gran dan.

Alexandre: no digats de si a les coses que dixes de no e no digats de no a les coses que dixes que si. E tota via pensats en les coses que aurets a dir e a fer, e de guissa que no senble aleuiament en uostre cor ni en uostre dit ni en uostre feyt. E no us fiets per serui sino en home que aurets priuat per leal e uerdader en guardar uostre cors e uostre afer. E guardats uos de les coses venenoses, car moltes ueguades ocieren los homens bons ab elles. E uenga us e ment del present que us enuia lo rey dIndia, ço es .i.ª macipa bella qui fo nodrida de uejanbre entro ques torna de natura de uibra, e si no fos per mi que ho entis en la sua uista per lo paor que hauia daquelles desta terra, e axi pogueren uos ociure; e despuys fon prouat que ocehia ab la sua sudor quant mordia.

Alexandre: guardats u*os*tra anima q*ue* es nobla e celestial que tenjts en coma*n*da, que no siats d*e*ls necis qui nos uolen guardar. E si podets ordenar de no me*n*jar, ni beure, ni leuar, ni siure me*n*ys de guardar astrolomia, sera cosa de profit; e no *us* p*re*ngats guarda d*e*ls dits necis que dien que la sciencia destrolomia es que no*n* poden della ueure ne*n*guna cosa, car la cosa qua ha a e*ss*er no lo pot hom tolre; p*er* que yo dich que al home coue de sab*er* les coses q*ue* an a e*ss*er, jatsia aço que no pusca estorçe daq*ue*lles, pero d*e*us p*re*gar aDeu qua*n*t ho faras *e* clama li merçe. E guarda aytant co*m* pusques de ço q*ue* fan los home*n*s ans que vinga lo temps diuern: ço es que cobren lurs cases, es uisten, es calçen, *e* ajusten molta lenya e altres coses moltes p*er* paor del fret. Atressi en lo temps destiu saparellen de l*e*s coses fredes, axi com se apparelle*n* en lo temps dyuern; atre*ss*i se aparelen ans que vingua lo temps d*e* la guerra dau*er* moltes armes e de bastirse.

Alexandre: guardats lo p*r*ocurados de u*os*tres regnes axi co*m* guardariets v*os*tre cors, *e* metets los en u*os*tre consell *e* en u*os*tres affers, en poch *e* en molt; e acostat lo a uos tota uia, car es cosa que *us* estara be dena*n*t lo poble, e aurets ne bon sab*er* en u*os*tre aparta-me*n*t, e p*re*nets uos guarda com esta la dona p*ro*p d*e*l rey en lo jochs d*e*ls escachs, ni co*m* sta e daua*n*t ell; *e* aq*ue*st es exempli qui es sem-blant ab aço. E no creats que ne*n*gu reguart pusca e*ss*er bo menys de bon p*r*ocurador, car es cosa que no pot e*ss*er.

A'ZI COME*N*CA EL TRACHTAT DE JUSTICIA E D*E*LL RECHNE A MA*N*TENIR.

Escorial 9 *v*

Alexandre: la iusticia es la millor cossa que esser pot e la millor mane*r*a al regne e en lo temporall e es estada tramesa p*er* lespirituall; e ab justicia se feu lo cell e la tera, es poblla tot lo mo*n*. E la justicia es figura d*e*ll cell e ab la justicia regne*n* los reys, e son hobeits p*er* los pobll*e*s, e son asegurats los corssos d*e*lls home*n*s temerosos, e sal-uats de malla sospita e copdicia; e p*er*o azo dixeren aq*ue*lls dIndia que mayor cossa a en justicia que en bo*n* temps, e mes ual rey de justicia a ops della te*r*ra que no fa gran pluya, e dixeren q*ue*ll rey ella justicia son girma*n*s que nos pot escusar la un ne laltra, ella jus-ticia es nom que uol fer dret e medir dret, e es nom que ajusta molts mane*r*es bones; e la justicia se pert en molts parts e la justicia fa conseguir a hom entre Deu e si.

TRACHTAT DELLS CAUALLERS E DE LURS MANERES E DELL REGNE.

Alexandre: los quaualles son raill dell regne e afeytament della tera e la mes cosa que uos deuets guardar en ells es que sien be aparellats e be hordonats e leyalls a senyor e que nos çellen a uos.
11 r E manat que quada rich hom aga .x. adenantas, e cada adenantat .x. jutges, e seran .C.; e cada jutge aya .x. cabdells, e siran .M.; e cada cabdell aya .x. homens, e seran .xM. E com vos aurets mest[e]r .M. omens, manats uenir vn adenantat qui amen .x. jutges, e cada vn jutge que amen .x. cabdells, e que cada cabdell amen .x. homens. E si aurets mester .C. homens, manarets uenir vn jutge, e uendran ab el .x. cabdells, e ab cada cabdell .x. homens. E en aquesta manera minuara vostra mesio, e fer sa zo que uos uolrets pustost e sens gran afany, e per lo prim[e]r senyall naurets ha una hora aytans com ne uolrets.

E an mest[e]r los cauallers escriua saui, e feell, e de bon enteniment, que sia son anteniment aparellat a azo que ells li diran; e sia ben agut e ben rahonat, e que aya sciencia que entena be raho, e que sapia tornar zo que en mal es dit en be e dir de lengua zo que te en sa uollentat e en son cor e ab poques paraulles e ensenyadament, e que sia uerdader en sa paraulla, e que ham uerytat, e que sia de bon donar e de bon tenir en son loch, e sia alegra, e suau, e de bon aqulliment, e sia de gran cor, e noblle, e de bona uollentat; e que no aga pensament sino en les cosses que sien exalzament, e honor, e profit de son senyor e de son regne, e sera amat dell rey e de ses gens.
11 v E sia ferm en les coses que deu dir e fer, e sia en escriure be espert, e sapia be digtar, e sapia les costumes dell rey e les vsanzes della tera. E sia hom que aya trat e participat ab sauis, e apreses de lurs maestries, e que sapia tots les rendes dell regne per tal que nos pusche negunes cosses amagar que don sia ne perdua de uostre regne. E com sabran los cullidors que el sab tots les rendes, no gosaran çellar ne amagar la ueritat. E ajats vn gouernador en vostre regne sens pus, e ajalles maneres e les condicions que jo uos he comtades que uostre escriua deu auer, e aye les figures que jo uos dire auant en lo capitoll dells fayzons dells homens, e ab uostre escriua ensemps, que sapia tots los afers ells estaments dell regne e dell poblle, quell uostre poblle es cosa uostra e que nos pert a uos; e per ells e en ells auets vostra renda, e per ell sots rey. Donchs pensar vos podets que vostre poblle es ort, e que en el ha molts

arbres e fruyts per que deuets donar e metre talls cullidors a aquests
fruyts que larbre non ualgua meys, nespuschen trenquar al cullir
della fruyta les branques que si les trenchaua, larbre ne ualria meys e
en laltre any no y culliria tanta fruyta. E si souen trenquen les
bran⊥ques a vn temps desecharia larbre e non poria auer fruyt. On 10 r
com ja uos aya dit que el vostre poblle es ort on ha molts arbres e
molts fruyts, deuets pendre de vostres gens en bona manera e en
guisa que larbre romangua sançer e no meys chabat delles branques;
que tot rey qui demana e pren de son poblle mes que no pot sofrir,
hocyu a sy e a son poblle e qui demana e pren per raho es cossa
lohada, que no hocis altra cossa al rey Euigich si no que pres de sos
homens part dret e part raho, e leuarense contra ell, e fo destrouit
el e son regne.

TRACHTAT DELLS FAYZONS DELLS HOMENS.

Car falliries sino sabies la sapiencya delles fayçons dells homens,
uully uosso mostrar. Aquel qui es roitx e pigatos, al front ample, e
pocha barba, e ells mells grans, e molts cabells al cap, e en lo cors
roitx, guardat vos dell como uoos guardariets de uibra mortall.

Aquel qui ha los vulls sens pietat e grans contra fora es enueyos,
e no pot hom esser segur dell. E aquell quills ha atemprats, e no
grans nin molt pochs contra dintre e negres es espert e entes e ama
lealtat. E aquel qui a ells vulls aterits, e de poch mouiment, e amor-
teits en guardar es enganos, │ e ladre e traydor. E aquell quills ha 10 v
uermells es esforzat e entes; e si a entorn sos vulls gotes groges, es
pigor que altre.

E prenet uos guarda dell hom qui uos guardats, e el uos guarda,
e ha uergoya de uos, e semblla en el com que riu sens grat, e que li
ploren los vulls, sapiats que uos ama, e que os tem; e si uos esguar-
da e les guardats uos el ueurets sens uerguoya de uos e sens pahor,
sapiats que os es enueyos e que no uos tem, e daytall no siats segur dell.

Aquel qui a los cabells blachs mostra que ha lo ceruel fret, e es
coart e de poch enteniment. Aquell qui a los cabells negres es senat,
e ama justicia, e aquel quills ha miganzes daquest es temprat.

Aquell qui a en les sobrazelles molts cabells mostra que es necy
e de grosa paraulla. E aquell qui a les sobrecelles tro alls polsos es
desdenyos. E qui les ha delguades e egualls en ample es agut e entes.

Qui ha el nas delgat barallyes uollenter, e qui ha el nas larch es esforzat, e aquell qui es rom es cobeejos. E aquell qui a ells forats dell nas anplles es fello. E qui a el nas gros en mitg e rom es mintiros e parller. E aquell quill ha eguall e les finestr[e]s egualls es senat e entes.

12 r   Aquell qui ha hel front ample e nolla rugat mostra que hama ba⊥rraylla e es desdeyos e no es grait. E aquell quilla tenprat en ample e en lonch es uertader e sauy e ent[e]s e espert e ginyos.

Aquell qui a los brazos grosses es coart e de poch enteniment. E aquell quills ha temprats ny grossos ni delgats es temprat e amesurat en tots sos feyts.

Aquel qui a les dens contra fora e molt juntades es enguanos e no es hom segur dell. E aquell qui les ha egualls e amplles e a les deuant ubertes es figura feell e ordonador.

Aquell qui a la cara grosa e imflada es necy e de grosa natura. E qui la ha magra e groga es enguanos e fello.

E aquell qui a les orelles grans es necy, mas es retenidor de zo que ou. E aquell qui les ha poques es horat.

Aquell qui a la ueu grossa es esforcat e uertader e ordonador. E aquell que ha la ueu femenill es enuejos e enganador, e qui la ha clara e bella es ordonador e de gran cor.

Aquell qui a lo col lonch e delgat es orat, e coart, e cridador. E si ab azo a el cap poch es pus orat. E aquell qui a el col gros es necy e menjador.

Aquell qui a el uentre grant es orat, e necy, e coart, e aquel qui la delgat e el pits estret es de bon seny e de bon consselly.

12 v   Aquell qui a ells brazos lonchs que atenen tro al genolly | es franch, e noblle, e de bon cor. E aquell quills ha molt curts es coart e ama barallya.

Aquel qui a la palma longua elles dits grosos sabe tots cosses e asaut. E aquell qui la ha lada es de bon enteniment, e aquell qui la ha molt curta es orat. Aquell qui a les cuxes grosses e lo cors es esforçat. Aquell qui a el peu gros e poch es de poch enteniment.

Aquell qui a los passos anplles e suaus es saui en tots sos afers e pensa tota uia de zo que ha de uenir. E aquel quills ha pochs e apresurats es fello e de mala uollentat, e dom presuros sos feits no son endreçats ni fa be neguna cossa.

Aquel qui a la cara vmida e blana, e no es molt delgat ni molt gros, ni molt lonch ni molt poch, e que aga la cara ben collorada e dreta, ells cabells tenprats, e bons vulls negres e que no isquen massa afora, el cap en bona guisa segons lo cors, e que no haie carn sobre lesquena ni en los nubs d*ell*es anques, e que aja veu clara, e que sia de poch p*a*rllar e de poch riure, e que no sia cobdiccios— aq[ue]sta es la millor figura que pot ess*er* en hom, e aytal la uull*es* q*u*ell senyor mayor ops ha all*s* home*n*s e ell*es* home*n*s a el.

Azo enadi el rey en aquest trachtat:

Les figures d[e]lls home*n*s aq*u*ells que bons son deue*n* ess*er* en aq*u*esta mane*r*a que sego*n*s lo cap aja los brazos, el cors, e les ca- mes, ells p*eus,* e q*ue* tot uingua a mesura *e* a raho e a senblla*n*sa; e q*ue* si el cap era gran, el cors poch no uendria a rao e axi d*e*lls altres m*e*nbr[e]s, donchs raho uol que la figura d*e*ll hom sia con- tenplada en egualtat e en mesura. E aytalls com aq*u*ests son sauis e certs p*er* natura, e aq*u*ells d*e*lla faizo no eguallada no deuen ess*er* ab tan bon seny ni enteni*m*ent segons natura.

13 *r*

O Halexandre, qua*n*t *u*os leuarets de dormir, anats vn poch, e estenet u*o*s*t*res m*e*nb*r*es, e pintinat v*o*s*t*re cap, e exira la uapor que puy al cap m*e*ntre hom dorm. E leuats uos en te*m*ps destiu ab aygua freda e esforzar uossa el cors e guardar sa de uos la callor nat*u*ral. E fregat uos les dents ab escorza de arbre amargos, e nedejar uossa les dens e la bocha d*e*lla fleuma, e fer uosa la lengua adreta, e la ueu clara, e dar uossa talle*n*t de menjar. E gitat uos al nas poluores a porgar lo cap e segons que p*er*tany al te*m*ps en que sots, e obrira*n* les careres tanquades d*e*ll çeruell, e esforzar uossa los .v. sens, e fer uosa tardar les canes.

13 *v*

E vsat cosses q*ue* agan bona odor segons quel te*m*ps p*er*tany; cor la bona odor es gouerna*m*ent en la a*n*i*m*a espiritual, e ab aq*u*ella sesforza, e qua*n*t la a*n*i*m*a sesforza, esforzes lo cors e alegras, e core la sanch p*er* les uenes ab la alegria d*e*ll cors.

E qua*n*t vos uendra tale*n*t de me*n*jar a la ora que auets acostu- mat, fet treballar v*o*s*t*res m*e*nb*r*es p*er* zo que uingua la uianda sobre la callor ençessa d*e*ll uentrelly, e m*e*njat zo que pus fort es de molre p*r*imera*m*ent p*er* zo cor d*e*ll uentrelly lo cap dejus es pus calle*n*t e couse la uianda pus tost en el, cor ay mes car*n* e es pus prop d*e*ll fetge que es coedor d*e*lla uianda p*er* la sua callor. E m*e*njat de puys laltra que es pus leugera de coure o de molre, e guardat uos de so- bre menjar, car molt menjar afolle lo uentrelly. E coue que *os* guar- dets d*e*ll beure m*e*ntre m*e*njarets que sia poch e al acaba*m*ent d*e*ll menjar, car lo beure refredal uentrelly, e ociu la callor nat*u*rall e afolla la uianda, e aço aporta gran dan al cors. E puys que aurets me*n*jat, anat poch e ap*r*es gitat vos a dormir sobrel costat dret .1.

poch, e de puys tornat uos al costat sinestre e conplit vostre dormir. | E no durmats ans de menjar, que enmagrex lo cors e secha la vmiditat.

E guardat vos de menjar tro que sia uostre ventrelly dessenbarguat de la uianda, cor aquel qui menjara ans que no aura mester el cors trobara la callor naturall ençessa com a foch enzes, per que os coue que com aurets tallent de menjar que menjets tantost, cor si o tardauets, gouernar sia lo cors de malles vmors, e auallarien al uentrelly, e poria per azo uenir .i. accident al cors.

Alexandre, aquest es lo secret que jo uos deja com uos deuiets anar conbatre ab vostres enemichs e com enuiauets vostres cabdells, e prouas que es ueritat. E tota uia me demanas em seguis que os ho mostras. Ara uully vosso mostrar, e no os anets combatre ab negu de vostres enemichs tro que sapiats per aquest comte quel uenzerts. E si ueets que nol puxats uencre, fet comtar tots los nombres dells uostres jutjes e de uostres capdells, e enuiat a aquell qui trobarets qui a a uencre per aquest comte.

E aquest es lo comte: que comts lo nom dell cabdell de la una

iii	iii	xxiii	xxiiii	xxv	iii	vii	vi	xv	xv	xi
a	b	c	d	e	f	g	h	i	k	l
xxiii	xv	xviii	xiii	xvi	xiii	viiii	viii	v	vi	iii
m	n	o	p	q	r	s	t	u	x	y

part e de laltra, cada un per si, e prenet zo que sajustara per comte de caschu per si sos jutges. .ix.º a .ix.º tro que romangan .ix.º o meys de .ix.º tro en .i.; dell altro nombre atrestal; e prenet zo que romandra della una e della altra part cadaun per si e demana e lo comte ques mostrara cadaun en son capitoll; ab Deu trobaras uerytat.

U e .ix.º, la .i. venz al .ix.º; .i. e .viii., los .viii. venzen a la .i.; .i. e .vii., la .i. venz al .vii.; .i. e .vi., los .vi. uenzen la .i.; .i. e .v., la .i. uenz als .v.; .i. e .iiii., los .iiii. uenzen al .i.; .i. e tres, la .i. uenz alls .iii.; .i. e .ii., uenzen la .i.; e la u que demana uenz laltre.

Dos e .ix.º, los .ix.º uenzen alls .ii.; .ii. e .viii., los .ii. uenzen alls .viii.; .ii. e .vii., los .vii. uenzen alls .ii.; .ii. e .vi., los .ii. uenzen alls .vi.; .ii. e .v., los .v. uenzen alls .ii.; .ii. e .iiii., los .ii. uenzen alls .iiii.; .ii. e .iii., los .iii. uenzen los .ii.; e aquel qui demana uenz lo demanador.

.iii. e .ix.º, los .iii. uenzen alls .ix.º; .iii. e .viii., los .viii. uenzen alls .iii.; .iii. e .vii., los .iii. uenzen alls .vii.; .iii. e .vi., los .vi. uenzen alls .iii.; .iii. e .v., los .iii. uenzen alls .v.; .iii. e .iiii., los .iiii. uenzen alls .iii.; .iii. e .iii., aquell qui demana uenz laltre.

.iiii. e .ix.º, los .ix.º uenzen alls .iiii.; .iiii. e .viii., los .iiii. uenzen alls .viii.; .iiii. e .vii., los .vii. uenzen alls .iiii.; .iiii. e .vi., los .iiii. uenzen los .vi.; .iiii. e .v., los .v. uenzen alls .iiii.; .iiii. e .iiii., aquell qui demana uenz lo demanador.

.v. e .ix.º, los .v. uenzen alls .ix.º; .v. e .viii., los .viii. uenzen alls .v.; .v. e .vii., los .v. uenzen alls .vii.; .v. e .vi., los .vi. uenzen alls .v.; e aquel qui demana uenz laltre.

.vi. e .ix.º, los .ix.º uenzen alls .vi.; .vi. e .viii., los .vi. uenzen alls .viii.; .vi. e .vii., los .vii. uenzen alls .vi.; .vi. e .vi., aquell qui demana uenz lo demanador.

.vii. e .ix.º, los .ix.º uenzen alls .vii.; .vii. e .viii., los .vii. uenzen alls .viii.; .vii. e .vii., aquell qui demana uech laltre.

.viii. e .ix.º, los .ix.º uenzen alls .viii.; .viii. e .viii., aquell qui demana uenz laltre.

.ix.º e .ix.º, lo demanador venz all altre.

E aquesta es la figura de aquest comte.

«PORIDAT DE LAS PORIDADES», DE SEUDO ARISTÓTELES, SE ACABÓ DE IMPRIMIR EL DÍA 15 DE ABRIL DE 1957 EN LOS TALLERES DE SILVERIO AGUIRRE, CALLE DEL GENERAL ÁLVAREZ DE CASTRO, 38, MADRID.